Gregor Wolf

Glücksorte im Bayerischen Wald
Fahr hin und werd glücklich

Droste Verlag

Für Sabrina

Vielen Dank an alle Glücksortegefährten, Tippgeber, Organisationsunterstützer, Bilderspender, Gesprächspartner, Korrekturleser, Projektbegleiter, Fotomodels und Kontaktvermittler!

Liebe Glücksuchende,

der Bayerische Wald ist immer eine Reise wert. Das liegt natürlich hauptsächlich an der faszinierenden Landschaft, an den sanften Waldwogen, die schier unendlich ineinandergreifen. Die Natur ist hier so unberührt wie nur noch an wenigen anderen Orten Mitteleuropas. Und das liegt nicht nur daran, dass sich hier der älteste Nationalpark Deutschlands befindet.

Doch wer denkt, die Region hat nur markante Gipfel, klare Bergbäche, märchenhafte Wälder und saftige Wiesen zu bieten, liegt vollkommen falsch. Die bodenständigen Menschen sind ein genauso wichtiger Glücksgarant. Sie erhalten jahrhundertealte Traditionen oder Bräuche am Leben, sorgen für kulinarische Überraschungen und bringen Gästen gern ihre Heimat nahe. In diesem Buch spielen viele dieser bemerkenswerten Personen eine Hauptrolle.

Leicht war die Zusammenstellung der 80 Glücksorte trotzdem nicht. Es gäbe noch so viel mehr zu erzählen. So haben es nur die absoluten Höhepunkte auf die folgenden Seiten geschafft. Ein paar davon sind neu beleuchtete Klassiker, doch vor allem habe ich persönliche Geheimtipps zusammengetragen. Alle, die mir auf meiner Reise folgen, werden sicher einige Portionen Glück finden. Viel Spaß dabei!

Ihr Gregor Wolf

Deine Glücksorte ...

1 Über den Wolken
Die aussichtsreichen Bayerwald-Hochlagen 8

2 Landschaftliche Balance
Mit dem Segway rund um Grafenau gleiten 10

3 Lässiger Golden Elephant
Cocktailbar Ädäm's in Frauenau 12

4 Teuflische Himmelsleiter
Winterliche Wanderung auf den Lusen 14

5 Zurück in die Vergangenheit
Das Museumsdorf Bayerischer Wald bei Tittling 16

6 Durch Bayerisch Kanada
Mit der Waldbahn den Schwarzen Regen entdecken 18

7 Sich wie ein Riese fühlen
Am Wackelstein bei Saldenburg ruckeln 20

8 Kaffee & Kuchen wie bei Oma
Nostalgischer Genuss im Kaffeehaus Blaslhöhe 22

9 Ein Bett im Fass
Im Schlaffassdorf bei Klingenbrunn übernachten 24

10 Mitm Woife im Woid
Eine Führung durch die Wälder bei Bodenmais 26

11 Ultimatives Glockengeläut
Das Wolfauslassen in Rinchnach 28

12 Drei Länder, ein Ort
Bayern trifft auf Österreich und Tschechien 30

13 Rundum sorglos einkaufen
Das Modehaus Garhammer in Waldkirchen 32

14 Wasser marsch!
Zum tosenden Hochfall bei Bodenmais wandern 34

15 Durch den Fluss klettern
Beim Eisvogelsteig durch die Chamb waten 36

16 Kunstwerke aus Scherben
Die Glashütte Köck in Riedlhütte 38

17 Leinwand in Großformat
Den Sonnenuntergang im Naturkino genießen 40

18 Idyllischer Kaiserschmarrn
Einkehr in die historische Hütte Schareben 42

19 Ein Baum auf drei Etagen
Das Waldgeschichtliche Museum in St. Oswald 44

20 Dem Schnee ganz nah
Das Langlaufzentrum Bretterschachten 46

21 Mystische Wildbachklamm
Eine Wanderung durch die
Buchberger Leite 48

22 Wo die Region geboren wurde
Wallfahrtskirche Frauenbrünnl
bei Rinchnach 50

23 Leckere Holzofen-Schmankerl
Die Pizzeria da Luigi in
St. Oswald 52

24 Schwitzen unterm Nachthimmel
Das Solebecken in der
Bayerwald-Sauna 54

25 Entschleunigung am Fluss
Eine Kanu-Tour auf dem
Schwarzen Regen 56

26 Insel im Waldmeer
Das Forsthaus auf dem
Tummelplatz 58

27 Bitte einsteigen!
Bahnhistorie im Eisensteiner
Localbahnmuseum 60

28 Musikalische Sitzweil
Besuch in der Freyunger
Volksmusikakademie 62

29 Militärischer Weitblick
Der Aussichtsturm am
Hohenbogen 64

30 Howdy!
Den Wilden Westen in
Pullman City erleben 66

31 Auf leisen Pfoten
Die Luchse im Nationalpark-
zentrum Falkenstein 68

32 Die Geschichte vom Mühlhiasl
Kunstvolle Sagen in der
Gläsernen Scheune 70

33 Abenteuer in luftiger Höhe
Unterwegs im Kletterwald
von Waldkirchen 72

34 Wohnte hier Rapunzel?
Am rekonstruierten Turm
der Burg Altnußberg 74

35 Natürlicher Genuss
Bodenständige Kulinarik
im Gidibauer Hof 76

36 Wo Inseln schwimmen
Eiszeitstimmung am
Kleinen Arbersee erleben 78

37 Im Kreiselmonster
Eine Fahrt mit der Grafenauer
Sommerrodelbahn 80

38 Bieriges Wohlfühlen
Wirtshaus, Hotel und Brauerei
Gut Riedelsbach 82

39 Geologisches Hexenwerk
Der Große Pfahl bei
Viechtach 84

40 Wohltuende Röstfrische
Genuss in der Kaffeerösterei
Kirmse in Zwiesel 86

... noch mehr Glück für dich

41 Auf Augenhöhe mit Bäumen
Das Baum-Ei am Baumwipfelpfad bei Neuschönau 88

42 Die älteste Hütte Deutschlands
Ein Blick in die Glasmanufaktur von Poschinger 90

43 Überdimensionale Dreiräder
Mit Bullcarts in Sankt Englmar den Berg hinab 92

44 Göttlicher Seeblick
Die Rachelkapelle inmitten des Nationalparks 94

45 Bayern trifft auf Thailand
Weltoffen speisen in der Schnitzmühle 96

46 Weiß-blaues Wohnzimmer
Platz nehmen im Volksfestzelt in Grafenau 98

47 Wasser für die Seele
Das Granitfelsenbad in der Sonnentherme Eging 100

48 Tiny House im Nirgendwo
Eine Übernachtung in der Hyt bei Bernried 102

49 Auf zum Turm am Berg
Hinauf auf den Hirschenstein 104

50 Käsespätzle auf hohem Niveau
Einkehren im neuen Falkenstein Schutzhaus 106

51 Abenteuer wie bei Robin Hood
Ziele anvisieren beim Bogenshop in Neudorf 108

52 Waldbaden pur
Zur Ruhe kommen auf dem Seelensteig 110

53 Glück auf!
Eine Führung im Bodenmaiser Silberbergwerk 112

54 Laufsteg in die Landschaft
Der Skywalk zwischen Arrach und Arnbruck 114

55 Knorrige Bäume
Alte Schattenspender am Almschachten 116

56 Baden in Yin und Yang
Der Feng Shui Kurpark in Lalling 118

57 Tierisch kalter Spitzensport
Schlittenhunderennen in Haidmühle 120

58 Reise in die Erdgeschichte
Eintauchen in die Hauzenberger Steinwelten 122

59 Leichter Gipfelsturm
Auf den Pröller wandern 124

60 Auszeit im Speisewaggon
In Miltach wurde der Bahnhof zum Café Waffel 126

61 Das verlassene Dorf
Die Überreste von Leopoldsreut am Haidel 128

62 Küss mich!
Das Glasdorf Weinfurtner in Arnbruck 130

63 Tierischer Spaziergang
Wandern mit Alpakas und Lamas bei Rinchnach 132

64 Über der Schwarzen Perle
Die Ilzbrücke an der Burgruine Dießenstein 134

65 Bärwurz, Blutwurz & Co.
Die Schlosskellerei Ramelsberg in Schönberg 136

66 Der Tannenkönig
Die Waldhaustanne im Hans-Watzlik-Hain 138

67 Kampf gegen ein Monstrum
In der Arena des Further Drachenstichs 140

68 Pfad mit Schwung
Der Schaukelweg bei Breitenberg ..142

69 Das kleinste Waldrestaurant
Hüttenflair auf der Böhmhof-Alm in Bodenmais 144

70 Wo der Jackl einst Brot backte
Den Aussichtsturm am Brotjacklriegel erklimmen 146

71 Im Flow
Zweirad-Spaß im Bikepark am Geißkopf 148

72 Steinerne Festung
Die Burgruine Weißenstein erklimmen 150

73 Ein charmanter Zug
Mit der Ilztalbahn von Freyung nach Passau 152

74 Heiße Schlittengaudi
Die Rodelbahn im Skizentrum Mitterdorf 154

75 Im Freilichtmuseum speisen
Die Tafernwirtschaft D'Ehrn in Finsterau 156

76 Mächtig Torf
Unterwegs im Hochmoor Todtenau 158

77 Verdrehte Welt
Das Haus am Kopf bei Sankt Englmar 160

78 Der See im Krater
Idyllischer Steinbruchweiher in Büchlberg 162

79 Resi, i hol di mit'm Traktor ab
Das Landwirtschaftsmuseum in Regen 164

80 Fühle den Waldboden!
Barfußpfad im Spiegelauer Waldspielgelände 166

Über den Wolken

Die aussichtsreichen Bayerwald-Hochlagen

Es ist ein geradezu erhabenes Gefühl. Es kommt dem Zauber des sanften Aufwachens am Morgen gleich. Schließlich scheint auch dabei ein Nebelschleier der immer klarer werdenden Sicht zu weichen. Während man sich im warmen Bett relativ entspannt auf den beginnenden Tag einlassen kann, ist das Hintersichlassen des Nebels in der Bayerwaldnatur mit ein bisschen Anstrengung verbunden. Dafür belohnt einen schon allein der eine Moment, in dem man die Nebeldecke durchbricht, mit einem einmaligen Glücksgefühl. Auf einmal liegt einem die ganze vernebelte Landschaft zu Füßen.

Erlebbar ist diese mystische Stimmung vor allem im Herbst und Winter. Dann liegt rund um die am Fuße des Mittelgebirges vorbeifließende Donau oft ein dicker, schier undurchdringlicher Mix aus Nebel und Wolken. Je höher das Gelände ansteigt, desto höher sind die Chancen, diesem grauen Cocktail zu entfliehen. Gerade wenn Föhnwinde wehen, liegen die Bayerwald-Hochlagen in der Sonne. Dabei ist es egal, welchen Gipfel man erstürmt: Hauptsache, hoch hinauf ist das Motto. Über 1000 Meter sollten es freilich schon sein. In Frage kommen zum Beispiel der Große Osser bei Lam, der Große Rachel bei Spiegelau, der Haidel bei Grainet oder der Dreisessel bei Neureichenau. Natürlich ist auch der höchste Berg der Region ein guter Anlaufpunkt – der 1456 Meter hohe Große Arber zwischen Bayerisch Eisenstein und Bodenmais gelegen. Der König des Bayerischen Waldes bietet sonnenhungrigen Besuchern zudem eine gute Möglichkeit, das Wetter auf dem Gebirgskamm schon vom Bett aus in Augenschein zu nehmen. Auf der Homepage der Arber-Bergbahn (www.arber.de) sind das ganze Jahr über einige Webcams aktiv.

Wenn das Wetter passt, darf man sich dieses Erlebnis also auf keinen Fall entgehen lassen. Es gibt nichts Wohltuenderes, als mit dem guten Gefühl, den Gipfel per pedes oder Bahn erobert zu haben, über den Wolken zu schweben. Beim Blick zu den sanften Hügeln, die von Nebelschwaden umspielt werden, verliert man jegliches Zeitgefühl.

TIPP *In der Ferne blitzen einem die nördlichen Gebirgszüge der Alpen entgegen.*

 Großer Arber, 94252 Bayerisch Eisenstein
 www.arber.de
 ÖPNV: Bus 6081, Haltestelle Arber Bergbahn-Talstation, Brennesstraße

Landschaftliche Balance

2 *Mit dem Segway rund um Grafenau gleiten*

Einfach mal lautlos schweben. Sich ganz gemütlich nach vorn oder hinten lehnen. Und mit den Fingerspitzen die Richtung angeben. Dabei aber die wunderschöne Bayerwald-Landschaft an einem vorbeiziehen sehen. Das geht nicht? Doch, das geht. Bei einer Segway-Tour rund um Grafenau! Auf der Outdoor-Version der wendigen Flitzer ist Entschleunigung pur angesagt. Ganz nebenbei ist es das perfekte Erlebnis, um die innere Balance zu finden. Schließlich ist Gleichgewicht der Schlüssel zum Glück.

Seit 2012 nimmt das Ehepaar Schöller Abenteuerlustige mit auf Tour. Ihre Leidenschaft fürs Segway-Fahren haben sie kurzerhand zum Nebengewerbe gemacht. Maximal vier Personen kommen gleichzeitig mit auf Erkundungsfahrt. Dabei wird rund um Grafenau gerollt. Kleine Ortschaften wie Rosenau, Neudorf oder Kleblmühle werden ebenso passiert wie ein klarer Bergbach, einsam gelegene Höfe oder eine kleine Kapelle. Das Highlight ist aber die Panoramastrecke, bei der sich die komplette Bayerwald-Kette – manchmal sogar die Alpen – wie auf dem Präsentierteller zur Schau stellen.

Außer etwas Lust, Neues zu entdecken, müssen die Exkursionsteilnehmer nicht viel mitbringen. Man sollte lediglich in der Lage sein, freihändig Treppenstufen vorwärts wie rückwärts zu überwinden. Außerdem muss man mindestens 15 Jahre alt und im Besitz eines Mofa-Führerscheins sein. Zweiterer ist in der Führerscheinklasse B fürs Auto enthalten. Dann fehlt nur noch eine kurze Unterweisung, bei der sich jeder an das Gerät gewöhnen kann. Wenn das Lenken, Beschleunigen und Bremsen funktioniert, geht's schon los.

Am Anfang düst man mit lediglich acht Kilometern pro Stunde durch die Landschaft. Doch nachdem sich alle eingefahren haben, werden die Segways auf 20 Sachen hochgedreht. Spätestens jetzt macht das intuitive Manövrieren richtig Spaß. Nahezu jeder steigt am Ende der Tour mit einem glücklichen Lächeln wieder ab – und freut sich auf das nächste Mal.

● **Schöller Seg-Tours, Dobelstraße 6 b, 94481 Grafenau**
www.schoeller-seg-tours.de
● **ÖPNV: Waldbahn-Linie 3, Haltestelle Bahnhof Grafenau, dann 20 Minuten Fußweg**

Lässiger Golden Elephant

3 *Cocktailbar Ädäm's in Frauenau*

Es knackst heimelig im kleinen Holzofen. Die Wärme durchströmt die sanft beleuchtete Lounge. An der Decke hängt hippe Deko. Besonders ins Auge stechen die gläsernen Uhren – gefertigt aus alten Flaschen. In den gemütlichen Sesseln führen die Gäste angeregte Gespräche, gekommen sind die meisten aber wegen der flüssigen Leckereien. Schließlich gibt's im ganzen Bayerwald wohl nirgends bessere Cocktails als im Ädäm's in Frauenau. Die Bar hat sich bei Einheimischen zum abendlichen Geheimtipp entwickelt. Das liegt am glücklichen Händchen von Barkeeper Aaron Adam. Und am Wohlfühlambiente natürlich.

Der gelernte Hotelfachmann hat lange in München gearbeitet. Nach seiner Rückkehr in die Heimat macht er sich selbstständig. Zusammen mit seiner Frau Lisa entdeckt er ein leerstehendes Lokal im Glasmacherort Frauenau. Jahrzehnte zuvor beherbergte die Immobilie gegenüber dem kleinen Bahnhof schon legendäre Wirtshäuser. Das Ädäm's führt diese Tradition nun fort – jedoch moderner, fruchtiger und kreativer.

Schon beim Blick in die Karte wird das Credo der Cocktailerie klar: Wer nach dem Motto „Was der Bauer nicht kennt …" trinken möchte, hat hier schlechte Karten. So sind neben den Klassikern viele hausgemachte Eigenkreationen im Angebot – etwa der Lola Montez, der Golden Elephant oder der Bavarian Mule, in dessen Seele echter Bayerwald-Bärwurz steckt. Klasse ist auch die reichhaltige Auswahl an alkoholfreien Gaumenfreuden.

TIPP *Jeden Sonntag gibt's im Ädäm's nachmittags leckere selbst gemachte Torten.*

Das Auge trinkt im Ädäm's selbstredend mit und das fängt schon beim Design der Cocktailkarte an. Einige der Seiten sind nämlich mit schmucken Cartoons verziert. Da wird schon die Auswahl zur puren Unterhaltung! Später werden die Drinks dann in passenden Gefäßen serviert: Das können eine goldene Ananas, eine Popcorn-Tüte oder eine Inka-Maske sein. Die Verpackung lässt gleich erahnen, welche Geschmäcker einen erwarten. Die Geschmacksnerven können sich dabei auf jeden Fall auf Glücksgefühle einstellen.

▶ **Ädäm's, Bahnhofstraße 5, 94258 Frauenau**
   www.facebook.com/cocktailerie
▶ **ÖPNV: Waldbahn-Linie 3, Haltestelle Bahnhof Frauenau**

Teuflische Himmelsleiter

Winterliche Wanderung auf den Lusen

Einfach mal innehalten. Die klare Bergluft einatmen. Anhaltende Stille genießen. Schneereiches Waldbaden bietet sich vielerorts im Bayerwald an – doch nirgends ist es so spektakulär wie auf der Himmelsleiter. Der schnurgerade Weg auf den 1373 Meter hohen Lusen besticht in der kalten Jahreszeit mit mystischer Schönheit.

Hier in den rauen Höhenlagen misst die Schneedecke nicht selten über einen Meter. Die weiße, in der Sonne glitzernde Pracht umspielt ein Meer aus Bäumen. Es entstehen skurrile Gebilde, die der Fantasie Tür und Tor öffnen. Junge Fichten bedeckt der Schnee oft zur Gänze, sodass keine einzige Nadel mehr zu sehen ist. Dafür verbiegt die Last die Bäumchen, formt eisige Brücken, menschlich aussehende Figuren oder überdimensionale Kristalle.

Besonders ungewöhnlich sind aber die vielen „Stangen", die gen Horizont ragen. Diese frostigen Gerippe abgestorbener Bäume wurden von nur fünf Millimetern großen Insekten geschaffen. Schließlich dürfen Borkenkäfer im Nationalpark die Landschaft nach den ureigenen Gesetzen der Natur mitprägen. Ein kraftvoller Kreislauf aus Werden und Vergehen ist die Folge. Seit Jahrmillionen beginnt er immer wieder von vorn – ganz ohne menschliches Zutun. Den Lusen selbst hingegen hat der Teufel geformt. So zumindest erzählen es eine Handvoll Sagen, die sich um den Berg ranken. Beelzebub soll hier einen gigantischen Schatz versteckt haben. Bedeckt wird er am Gipfel von abertausenden Granitblöcken und der Schnee kommt im Winter als zusätzlicher Schutz noch hinzu.

TIPP Ganzjährig lädt das Lusenschutzhaus zur gemütlichen Einkehr, im Winter noch dazu zum Aufwärmen.

Um dorthin zu kommen, benötigen Wanderer vom Bergdorf Waldhäuser aus gemütliche zwei Stunden. Die imposante Aufstiegsvariante über die steil aufragende Himmelsleiter ist mit einem Luchssymbol markiert und sollte mit Schneeschuhen begangen werden. Die Anstrengungen der Wanderung belohnt der Wettergott bei glücklichen Bedingungen mit einem gigantischen Alpenblick. Allein dafür lohnt es sich oft, stehenzubleiben – Glücksmomente genießen!

- Lusen, Startpunkt Parkplatz Waldhäuser-Ausblick, 94556 Neuschönau
- ÖPNV: Im Sommer Igelbus 602, Haltestelle Lusen, Waldhausreibe

Zurück in die Vergangenheit

5 *Das Museumsdorf Bayerischer Wald bei Tittling*

Es geht auf Zeitreise in eine Epoche ohne Strom und fließend Wasser, ohne Supermarkt und Online-Shop, ohne Auto und Zug. All diese Annehmlichkeiten werden durch schlichte Alternativen ersetzt: Kerzen und Hausbrunnen, Bauerngarten und Tauschhandel, Kutsche und Fuhrwerk. Mit eigenen Augen kann man dieses Leben im Museumsdorf Bayerischer Wald bei Tittling bestaunen. Über 100 historische Gebäude aus dem 16. bis 19. Jahrhundert haben sich hier versammelt.

Dorfartig angelegt hat die Unternehmerfamilie Höltl prächtige Bauernhöfe, mächtige Mühlen und kunstvolle Kapellen. An ihren Originalschauplätzen wären die meisten Gebäude sicher verfallen, im Open-Air-Museum dürfen sie ihren zweiten Frühling erleben – inmitten purem Idyll. Ein kleines Bächlein schlängelt sich zwischen Granitmauern und Holzfassaden hindurch. Gänse, Esel, Schafe und Ziegen grasen auf den saftigen Wiesen. Einige der alten Anwesen werden bis heute handwerklich genutzt – zum Stoffebedrucken, Wollespinnen, Brotbacken oder Töpfern.

Und dann sind da noch die besonderen Schmankerl wie das alte Schulhaus aus Simbach bei Landau. 1670 in Betrieb genommen, bietet es exklusive Einblicke in die Bildungsgeschichte Niederbayerns. Dabei war das Holzhaus weit mehr als nur eine Schule. Über 100 Jahre lang wurde es zudem als Rathaus, Wohnhaus für Schulmeister und Marktschreier sowie Gefängnis benutzt. All das wird Besuchern in einer kleinen Ausstellung nähergebracht. Neben diesem gibt es noch viele weitere Ausstellungsgebäude – mit insgesamt über 60.000 Objekten.

TIPP *Zur Erfrischung im Sommer einfach in den nahe gelegenen Dreiburgensee springen!*

Doch das Museumsdorf ist vor allem ein guter Platz, um sich besinnlich in die Vergangenheit treiben zu lassen. Ein kleines Päuschen am steinernen Wassertrog vor der Rothaumühle ist dafür der beste Ort. Von dort blickt man über einen Weiher, an dem sich oft ein paar tierische Bewohner tummeln, auf das alte Schulhaus. Vielleicht wird einem dabei klar, dass es auch früher – ohne viele moderne Annehmlichkeiten – wahrhafte Momente des Glücks gegeben hat. Weil das Einfache oft genug ist.

Museumsdorf Bayerischer Wald, Rothaumühle 1, 94104 Tittling
www.museumsdorf.com

Durch Bayerisch Kanada

 Mit der Waldbahn den Schwarzen Regen entdecken

Heute mal keine Lust auf eine schweißtreibende Wanderung? Naturgenuss par excellence soll es aber trotzdem sein? Na dann ab in die Waldbahn! Vom ICE-Halt Plattling aus erschließen die knallgrünen Regio-Shuttles der Länderbahn viele Höhepunkte im Bayerischen Wald. Absolutes Sahnestück ist die Linie 4, die von Gotteszell aus nach Viechtach führt. Ein großer Teil der Trasse verläuft direkt am Schwarzen Regen entlang. Dessen Tal hat sich den Beinamen „Bayerisch Kanada" verdient. Warum? Weil der Fluss so unglaublich unberührt daherkommt – eben wie in den Weiten Nordamerikas. Einsteigen, loslassen und genießen!

Mitnehmen sollte man auf jeden Fall die Strecke zwischen Teisnach und Viechtach. Am besten natürlich auf einem Fensterplatz, der einen ungestörten Blick auf das kühle Nass ermöglicht. Nach Teisnach reisend muss man dafür in Fahrtrichtung links Platz nehmen. In Richtung Viechtach folgerichtig auf der rechten Seite. Hat man erstmal seinen Sitz gefunden, wird man so schnell nicht mehr aus dem Staunen herauskommen.

An einem vorbei zieht dunkles Gebirgswasser. Der Schwarze Regen hat hier schon eine beachtliche Breite erreicht. Immer wieder wird der meist sanft fließende Wasserlauf von Stromschnellen aufgewirbelt. Andernorts umspült das Wasser längliche Inselchen mit üppigem Bewuchs. An den Ufern gibt's immer wieder Stellen, an denen mächtige Felsbrocken wie Wächter aus der Wasseroberfläche herausschauen. Und wer ganz viel Glück hat, bekommt aus der Ferne vielleicht sogar einen der quirligen Flussbewohner zu Gesicht. Neben Dutzenden Vogelarten fühlen sich hier etwa Fischotter pudelwohl.

Gut 20 Minuten dauert die einfache Fahrt auf der Teilstrecke zwischen Teisnach und Viechtach. 20 Minuten, die wie im Fluge vergehen. Alle, die Bayerisch Kanada nicht nur durch eine Glasscheibe bewundern wollen, können einen Teil der Strecke auch zu Fuß zurücklegen, etwa zwischen Teisnach und Gumpenried oder zwischen Gumpenried und Schnitzmühle. Am Endpunkt wartet jeweils ein Waldbahn-Halt.

TIPP Wer von seinem Hotel eine Gästekarte mit GUTi-Logo bekommt, kann kostenlos mit der Waldbahn fahren.

◉ Waldbahn, www.waldbahn.de
◉ ÖPNV: Aus Grafenau, Bodenmais, Zwiesel oder Regen mit der Waldbahn zur Haltestelle Gotteszell, dort Umstieg in die Waldbahn-Linie 4 in Richtung Viechtach

Sich wie ein Riese fühlen

 Am Wackelstein bei Saldenburg ruckeln

Glücklich ist, wer etwas bewegt. Glücklicher ist, wer etwas wirklich Großes bewegt. Und ein gut 50 Tonnen schwerer Gesteinsbrocken ist wahrlich eine große Angelegenheit. Trotzdem kann selbst ein einzelner Erwachsener dieses Monstrum in Bewegung setzen. Gemeint ist der Wackelstein in der Gemeinde Saldenburg. Er ist eine Laune der Natur, die schon vielen Wanderern Freude bereitet hat. Wo sonst findet man gigantisches Spielzeug mitten im Wald liegen?

Auf einer breiten Bergkuppe nördlich der Ortschaft Entschenreuth treten mehrere Felsen zu Tage. Doch nur einer davon ist etwas ganz Besonderes – auch wenn er auf den ersten Blick etwas unscheinbar aussieht. Bei genauerem Betrachten jedoch fällt auf, dass der Block mit knapp vier Metern Kantenlänge am Boden schon fast eine halbrunde Form angenommen hat. Diese Rundung ruht auf einer massiven Felsplatte zwar äußerst stabil, doch die beiden Gesteinsformationen greifen nicht hundertprozentig ineinander. Irgendwo hat sich eine Lücke aufgetan. Genau deswegen lohnt es, sich rhythmisch bewegend gegen den Wackelstein zu stemmen. Mit etwas Geduld und Kraftanstrengung beginnt der Koloss tatsächlich hin und her zu schwingen.

TIPP *Auf dem Rundweg ist auch das Steinerne Kirchlein, eine Gesteinsformation mit Felsgrotte, besuchenswert.*

Das seltene Naturschauspiel ist einer Millionen Jahre währenden Entwicklung zu verdanken. Entstanden aus glutflüssiger Gesteinsschmelze in mehreren Kilometern Tiefe, ist der Stein im Laufe der Zeit erkaltet. Gleichzeitig wurde das komplette Areal angehoben, sodass der Fels ans Tageslicht befördert wurde. Fortwährende Verwitterung hat letztendlich dafür gesorgt, dass Platte und Stein heute in solch außergewöhnlicher Beziehung zueinander stehen. Wer seine eigene Stärke testen will, muss nur einen etwa zwei Kilometer langen Weg durch den Mischwald auf sich nehmen. Dabei geht's auf dem markierten Wanderweg mit der Nummer 84 ab Entschenreuth zwar leicht bergauf, aber am Ziel dürfte noch genügend Kraft zum Wackeln übrig sein. Sodass man sich am Ende der Tour wie ein Riese fühlt.

▶ **Wackelstein, 94163 Saldenburg-Entschenreuth**
www.saldenburg.de

Kaffee & Kuchen wie bei Oma

⑧ *Nostalgischer Genuss im Kaffeehaus Blaslhöhe*

Es gibt Momente, die sind einfach vollkommen. Und seien wir doch mal ehrlich, schlechtes Gewissen hin oder her, viele dieser Momente drehen sich ums Essen. Süße Leckereien zum Beispiel können uns doch fast immer verführen. Wenn die Kuchengabel das erste Mal in die akribisch verzierte Torte sticht, ist die Vorfreude kaum mehr auszuhalten. Wenn die fruchtige Sahnecreme schließlich die Zunge berührt, macht sich geradezu schlagartig das Glücksgefühl breit. Perfekt wird's aber erst, wenn die Umgebung passt – und natürlich der Geschmack. Genau mit diesen beiden Dingen punktet das Kaffeehaus Blaslhöhe auf ganzer Linie. Es ist ein Hort nostalgischer Gemütlichkeit.

Schon beim Betreten des Cafés, das auf einer Anhöhe über dem Luftkurort Lam liegt, versprühen die Räume eine urige Wohlfühlatmosphäre. Ein bisschen erinnert alles an die Bauernstube von Oma und Opa. Tiefe Ledersofas, hölzerne Kreuze, herabblickende Engel, alte Schwarz-Weiß-Bilder, eine kleine Puppenküche und Spitzendeckchen. Modern ist anders. Aber genau das macht hier ja den Charme aus: Alles versprüht einen Zauber, der die goldenen Zeiten der Kaffeehauskultur lebendig macht. Wer genau hinsieht, erkennt die Liebe zum Detail, die in der ganzen Einrichtung steckt. Da wäre etwa das aufwendig renovierte Mobiliar oder das filigran bemalte Geschirr.

Die Stars im Nachmittags-Etablissement sind freilich die selbst gemachten Kuchen und Torten. Wenn man vor der Theke steht, kann man sich nur schwer entscheiden. Soll es ein Klassiker sein? Käsesahne, Prinzregenten oder Eierlikör? Oder doch etwas Ausgefalleneres? Wie wäre es mit einem Stück Torte, das nach Pistazie, Feige oder Mango schmeckt? Egal, was es am Ende auch wird: Munden tut es ganz bestimmt. Und wer beim ersten Besuch nicht alles probieren kann, kommt einfach nochmal vorbei. In den gemütlichen Gemäuern warten viele lauschige Sitzecken darauf, entdeckt zu werden.

▶ **Kaffeehaus Blaslhöhe, Oberschmelz 1, 93462 Lam, Tel. (0 15 12) 7 02 95 41**
www.kaffeehaus-blaslhoehe.de

Ein Bett im Fass

 Im Schlaffassdorf bei Klingenbrunn übernachten

Es kann besinnlich sein, sich auf das Notwendigste zu reduzieren. Das Motto dabei: Weniger ist mehr! Urlauber können diese Einstellung nahe der Ortschaft Klingenbrunn selbst für ein paar Tage testen – und werden begeistert sein. Denn hier, am Rande des Nationalparks Bayerischer Wald, liegt eine ganz außergewöhnliche Übernachtungsmöglichkeit verborgen. Umgeben von mächtigen Bäumen haben die pfiffigen Betreiber eines Campingplatzes vor ein paar Jahren ihr Angebot erweitert: Süße Träume genießt man seitdem auch im Schlaffassdorf.

Wie um einen Anger angeordnet steht ein gutes Dutzend kleiner, hölzerner Behausungen im Kreis. Vier Meter lang sind die liegenden Fässer mit einem Durchmesser von etwas über 2,20 Metern. Vor der hellen Holztür befindet sich links und rechts je eine kleine Sitzgelegenheit, die Terrasse im Mini-Format. Der Innenraum entpuppt sich als wahres Raumwunder. Im „Foyer" sind nochmal zwei Bänke und ein herausziehbarer Klapptisch eingebaut. Die hintere Hälfte der Vier-Personen-Fässer kommt mit zwei Etagen daher. Auf beiden Ebenen befinden sich gemütliche Liegeflächen. Bloß die Kopffreiheit im „Untergeschoss" ist nicht ganz so großzügig bemessen, für Kinder und Jugendliche jedoch völlig ausreichend.

TIPP *Wer Urlaub mit dem Wohnwagen machen möchte, ist hier auch richtig aufgehoben.*

Trotz dieser spartanischen Ausstattung fühlt man sich sofort wie zu Hause. Das dicht gewachsene skandinavische Nadelholz, aus dem die Fässer gemacht sind, verströmt einen wohligen Duft und eine natürliche Wärme. Sollte Zweitere nicht reichen, sind noch Heizungen eingebaut. Zum luxuriösen Teil der Anlage gehört zudem ein Saunafass, zwei beheizbare Badebottiche und ein Grillkota, also eine Hütte, in der man indoor grillen kann.

Das eigentliche Erlebnis ist hier aber das Schlafen selbst. Ohne Ablenkung kann man die Momente vor dem Hinübergleiten ins Land der Träume richtig auskosten und den Tag nochmal Revue passieren lassen. Das ist Entschleunigung pur. Einer glücklichen Nachtruhe steht dann nichts mehr im Wege.

Schlaffassdorf und Campingplatz am Nationalpark Bayerischer Wald, Bergstraße 44, 94518 Klingenbrunn, www.schlaffassdorf.de

Mitm Woife im Woid

 Eine Führung durch die Wälder bei Bodenmais

Der Zaunkönig schmettert angeberisch durch den Wald. Laut hämmernd hält der Schwarzspecht mit seinem Klopfen dagegen. Und auch der kleine Buchfink stimmt ins Konzert ein. Es ist Frühling. High-Noon für die Vogelwelt. Aber nicht nur die Tiere, sondern die komplette Natur erwacht aus der Winterruhe. Überall sprießen junge Triebe, sogar erste zarte Blümchen sind zu entdecken. Mittendrin steht Wolfgang Schreil. Der stämmige Vollbartträger strotzt nur so vor Zufriedenheit und genau dieses Gefühl vermittelt der „Woid Woife", wie man ihn rund um Bodenmais nennt. Wer sich davon anstecken lassen will, geht einfach bei einer seiner Führungen mit. Ruhe. Frieden. Geborgenheit. In einem Wort: Vollkommenheit. Das sind die Begriffe, die der rustikal wirkende Niederbayer mit seinem Wald verbindet. Es ist eine Liebe zwischen Mensch und Natur, wie es sie nur selten gibt. Jede freie Sekunde verbringt er draußen – Naturerfahrung als Lebenseinstellung.

Der Woid Woife hat es sich zur Aufgabe gemacht, diese Wertschätzung weiterzugeben. Deswegen führt er regelmäßig Urlauber, die bei Anmeldung den Treffpunkt erfahren, durch sein Outdoor-Wohnzimmer. Er zeigt ihnen Plätze, die nur Einheimische kennen. Den Brandtner Riegel zum Beispiel: Der markante Felsen mit Blick in ein kleines Tal bietet sich als Rastplatz förmlich an. Hier, wo man den hektischen Alltag wie von selbst vergisst, ist der ideale Ort, um über Gott und die Welt zu philosophieren.

Welchen Wert hat die Natur? Gibt es Gut und Böse? Oder ist alles nur Teil eines natürlichen Kreislaufs aus Werden und Vergehen? Wolfgang Schreil gibt seinen Mitwanderern keine vorgefertigten Antworten. Er will zum Nachdenken anregen, zum Meinungsaustausch, will sagen, dass der Mensch nicht der Nabel der Welt ist. Und er will Bewusstsein schaffen dafür, dass es nicht viel braucht, um glücklich zu sein. Ihm, dem Waldliebhaber, ist das Draußen-Sein genug. Glücklicher macht es ihn nur, wenn seine Gäste am Ende der Tour ein Stück dieses Waldglücks mit nach Hause nehmen.

> **Wanderungen mit dem Woid Woife, Bodenmais Tourismus & Marketing GmbH, 94249 Bodenmais, Tel. (0 99 24) 7 78-1 43, www.bodenmais.de, Treffpunkt bei Anmeldung**

Ultimatives Glockengeläut

 Das Wolfauslassen in Rinchnach

Kraftvoll und ohrenbetäubend. Auch so kann Brauchtum sein. Wenn Hunderte Glocken im Takt erklingen und einen ganzen Ort in Ekstase versetzen: Ja, dann muss wieder Wolfauslassen sein. Nirgends sonst wird diese alte Tradition so hochgehalten wie in Rinchnach. Einmal im Jahr bebt dessen historischer Dorfkern in einem fesselnden Rhythmus. Er wird zum energiegeladenen Glücksort – nicht nur für die Teilnehmer der wilden Show, sondern auch für Hunderte Zuschauer.

Aber was ist eigentlich dieses Wolfauslassen? Früher schickten die Bauern einen Teil ihrer Rinder in den Sommermonaten in die Hochlagen des Mittelgebirges. Dort konnten sie im Wald und auf eigens gerodeten Wiesen – Schachten genannt – grasen. Um die Tiere vor Wolf und Bär zu schützen, bekamen sie Kuhglocken um den Hals gehängt. Und auch die Hirten machten ab und an mit ihren geschwungenen Geißeln, einer Art Peitsche, mächtig Krach, um Raubtiere abzuschrecken. Am Ende der Saison wurde das Weidejahr schließlich im Tal gefeiert – mit viel Glockengeläut.

Daraus hat sich ein Brauch entwickelt, der bis heute in vielen Dorfgemeinschaften gepflegt wird. In Rinchnach ist sogar ein wahres Spektakel entstanden. Rund 500 glockenschwingende Teilnehmer ziehen jährlich am 10. November ab 18.30 Uhr in einem guten Dutzend Gruppen umher. Jede Truppe wird von einem Hirten angeführt, der mit seinem oft kunstvoll verzierten Hirtenstab den Takt vorgibt. Mit unglaublicher Ausdauer finden Glockenkonzerte in den Gassen, Wirtshäusern und einem eigens aufgestellten Zelt statt. Ruhig wird es an diesem Abend auf keinen Fall.

Der Höhepunkt der Nacht steht kurz nach 21 Uhr auf dem Programm. Dann treffen sich alle Glockenträger am Dorfplatz unter einem großen, erleuchteten Heliumballon. Im künstlichen Mondlicht wird minutenlang gemeinsam geläutet. Jetzt wird's richtig laut. Das Gebimmel zieht die Zuschauer in seinen Bann. Es ist eine wohl weltweit einmalige Instrumentaldarbietung.

> **TIPP** Im kostenlosen Magazin „Waldgeist" gibt's weitere Wolfauslassen-Termine. www.agentur-ssl.de/waldgeist

Wolfauslassen, 94269 Rinchnach (Ortszentrum)
www.rinchnach.de

Drei Länder, ein Ort

 Bayern trifft auf Österreich und Tschechien

Vom Zonenrandgebiet ins Herz des Kontinents. Diese Entwicklung hat der komplette Bayerische Wald seit dem Ende des Kalten Krieges genommen. War an der Grenze nach Böhmen einst die Welt zu Ende, beginnt heute ein grenzüberschreitendes Abenteuer auf dem Grünen Dach Europas. Pass- und Zollkontrollen gehören längst der Vergangenheit an. Es ist zusammengewachsen, was zusammengehört. Zwei Länder – eine Region! Oder halt! Waren es nicht sogar drei Länder? Stimmt! Wer an der deutsch-tschechischen Grenze nur weit genug nach Südosten vordringt, trifft sogar noch auf Österreich. Am Dreiländereck können Wanderer binnen wenigen Sekunden ihre Füße in jeden der drei Staaten setzen.

Ein nicht ganz mannshoher Steinblock mit einer dreieckigen Grundfläche markiert das trinationale Fleckchen Erde. In den Granit gehauen sind gleich fünf filigrane Wappen, die der Bundesrepublik Deutschland, der Tschechischen Republik und der Republik Österreich sowie die der Bundesländer Bayern und Oberösterreich. Nur das Wappen der südböhmischen Region fehlt. Daneben steht ein weißes Schild mit der schwarzen Aufschrift „Landesgrenze". Alles wirkt schmucklos – normal. Und genau darin liegt das große Glück dieses Platzes. Es ist normal geworden, ohne Stacheldraht und Angstgefühl zwischen nur auf dem Papier existierenden Grenzlinien hin und her zu springen. Freizügigkeit ist ein erhabenes Gut. Hier kann man es in allen Zügen genießen.

TIPP Nach der Wanderung im Berggasthof am Dreisessel einkehren und die Aussicht genießen.

Daneben gibt es am Dreisesselmassiv, wo das Dreiländereck liegt, massig imposante Natur zu bewundern. Das liegt daran, dass drei unter dem Schutz der europaweit gültigen Fauna-Flora-Habitat-Richtlinie stehende Gebiete aufeinanderprallen: Der Hochwald im Naturpark Bayerischer Wald, der tschechische Nationalpark Šumava sowie auf österreichischer Seite der Böhmerwald und die Mühltäler. So wandeln Wanderer auf der Suche nach grenzenlosen Erlebnissen nicht nur durch drei verschiedene Länder, sondern auch durch drei artenreiche Schutzgebiete. Mit etwas Glück kann man dabei sogar ein Auerhuhn erblicken.

▶ Dreiländereck bei 94089 Neureichenau, Rundweg über Steinernes Meer und Bayerischen Plöckenstein, ca. 2,5 Stunden, www.neureichenau.de
▶ Ausgangspunkt: Parkplatz am Ende der Kreisstraße FRG 13

Rundum sorglos einkaufen

13 *Das Modehaus Garhammer in Waldkirchen*

Wer kann sich noch an entspanntes Einkaufen erinnern? An wertvolle Beratung? An Service, wie er im Buche steht? All das ist in Zeiten übervoller Innenstädte mit den immer selben Filialen einiger weniger Unternehmen zur Seltenheit geworden. Doch es gibt sie noch, die Shopping-Oasen. Eine davon schmiegt sich harmonisch in den Stadtplatz der Bayerwald-Stadt Waldkirchen ein: Das traditionsreiche Modehaus Garhammer ist ein Muss für Mode-Fans.

Seit 1896 hat der Familienbetrieb den Anspruch, seinen Kunden ein Rundum-Sorglos-Paket zu schnüren. Die Glücksgarantie sozusagen. Und das Rezept scheint aufzugehen. Rund 90.000 Stammkunden sind der einfache numerische Beweis. Die meisten davon nehmen eine Anreise von mehr als 100 Kilometern in Kauf. Viele davon kommen etwa aus München – aber auch aus Österreich oder Tschechien. Doch warum verschlägt es Leute aus der Großstadt zum Einkaufsbummel in die Provinz? Der Service und das breite Angebot machen den Unterschied!

Im Modehaus Garhammer finden nicht nur Frauen, sondern auch Männer und Kinder topaktuelle Kleidung bekannter Marken unter einem Dach – abgerundet durch Schuhe, Accessoires und Leckereien für die Erfrischung zwischendurch. Überall steht die kompetente und persönliche Beratung an erster Stelle. Auf Wunsch begleitet eine Mitarbeiterin die Kunden durchs ganze Haus. Dazu gibt's eine Vielzahl kleiner Annehmlichkeiten, die den Besuch zum wahren Einkaufserlebnis machen. So setzt die hauseigene Schneiderei kleinere Änderungen binnen kürzester Zeit um. Sollte es doch mal länger dauern, wird die Ware frei Haus per Post verschickt. Getränke sind während der Beratung ebenso kostenlos wie das Parken in der gegenüberliegenden Tiefgarage. Und für die kleinen Besucher gibt's einen Kids Club mit großem Baumhaus. Kurz gesagt: Das Erfolgsrezept basiert auf der schieren Leichtigkeit, die beim Bummeln mitschwingt. Modeglück par excellence.

> **TIPP** Lust auf ein feines Essen? Das hauseigene Restaurant Johanns ist seit 2015 mit einem Michelin-Stern ausgezeichnet.

○ Modehaus Garhammer, Marktplatz 28, 94065 Waldkirchen
www.garhammer.de
○ ÖPNV: Bus 100, Haltestelle Waldkirchen Busbahnhof, dann 5 Minuten Fußweg

Wasser marsch!

 Zum tosenden Hochfall bei Bodenmais wandern

Schon aus der Ferne ist eines deutlich hörbar: Hier wird's laut. Umso höher man am Moosbach entlangwandert, umso näher kommen ohrenbetäubende Klänge. Wer an der Quelle des Geräuschs angekommen ist, findet sich an einem imposanten Wasserfall wieder. Es ist der zweithöchste in der ganzen Region – für viele Naturliebhaber zudem der eindrucksvollste. In mehreren Stufen stürzt sich das kühle Nass am Hochfall rund zehn Meter in die Tiefe.

Das Gestein ist an vielen Stellen glatt wie ein Babypopo. In Jahrhunderten durch klares Gebirgswasser geschliffen. Dort, wo die Kraft der Natur besonders stark auf den Gneis eingewirkt hat, sind tiefe Becken entstanden. In diesen Gumpen kommt das Wasser aber nur kurz zur Ruhe. Denn gleich darauf folgt der nächste rauschende Absturz. Die Szenerie erinnert an hochalpine Schluchten. Allerdings ist der Anmarsch deutlich leichter. Wer die kurze Wanderroute wählt, startet oberhalb des Ortes Bodenmais vom Wanderparkplatz am Ende der Scharebenstraße. Die Markierung mit der roten 3 führt über zwei Varianten, die leicht zu einem Rundweg kombiniert werden können, hinauf zum Glücksort. Da nicht einmal 200 Höhenmeter überwunden werden müssen, ist der Waldspaziergang auch für Kinder geeignet. Für Auf- und Abstieg sollte man gut zwei Stunden einkalkulieren. Dazu kommt freilich noch die Genusszeit.

Beste Einblicke auf das Geotop bekommen Wanderer dank einer stabilen Holzbrücke, die den Moosbach auf Höhe des Wasserfalls überspannt. Hier kommt man den Wassermassen ganz nah. Besonders fulminant ist das Schauspiel im Frühling, wenn der Bach dank Schneeschmelze prall gefüllt ist. Schließlich liegt oberhalb des Naturdenkmals ein Bergmassiv, zu dem mit dem Großen Arber der höchste Berg des Bayerwaldes gehört. Entsprechend viel Schnee taut hier nach dem Winter ab. Doch auch im Sommer und Herbst führt der Hochfall genügend Wasser. Und gerade an heißen Tagen ist eine Ruhepause an der Holzbrüstung eine wahre Glückstat. Dann schlägt einem ganz fein die Gischt als wohlige Abkühlung mitten im Wald ins Gesicht.

○ **Hochfall Ausgangspunkt Wanderparkplatz am Ende der Scharebenstraße, 94249 Bodenmais**
○ **ÖPNV: Waldbahn-Linie 2, Haltestelle Bahnhof Bodenmais, dann 25 Minuten Fußweg zum Startpunkt der Wanderung**

Durch den Fluss klettern

15 *Beim Eisvogelsteig durch die Chamb waten*

Einfach mal Wasserflüsterer sein. Die Strömung fühlen. Die Auenlandschaft von einer ganz neuen Perspektive erleben. Und das, ganz ohne nass zu werden. Dafür muss man nur in die große Wathose hüpfen, das Sicherungsgeschirr überstülpen und nichts wie ab in den Fluss. Dort wird der Karabiner in das Führungsseil eingehakt und der wilde Wasserrundgang kann beginnen.

Möglich macht dieses Erlebnis der Eisvogelsteig bei Arnschwang. Es ist ein Klettersteig-Abenteuer wie in den Bergen – nur eben mit dem kleinen Unterschied, dass keine Felswände durchstiegen werden, sondern der längste Nebenarm des Flusses Regen.

Der Einstieg in die erfrischende Chamb ist zwar etwas überraschend. Schließlich umschlingt das Wasser sogartig die Gummihose. Augenblicklich verspürt man einen gewissen Druck. Zugleich wird es sofort kälter. Doch bald hat man sich an die spezielle Fortbewegungsweise gewöhnt und nach den ersten vorsichtigen Gehversuchen im unebenen Flussbett hat man den Dreh schnell raus. Jetzt beginnt der spaßige Teil. Der Rundgang führt durch ganz flache Passagen, wo Gummistiefel ausreichen würden, um keine nassen Füße zu bekommen. Dann geht's aber wieder durch tiefere Stellen, wo das kühle Nass schon mal bis über den Bauchnabel ansteigen kann. Dazwischen muss man vorbei am tosenden Auslauf eines Wasserrads und hinein in einen dunklen Tunnel, der einst für eine Mühle angelegt wurde. An den Erklärstationen vermittelt der Audioguide viele informative Fakten über die Tier- und Pflanzenwelt.

Betrieben wird der Eisvogelsteig übrigens vom Landesbund für Vogelschutz als Teil des dortigen LBV-Zentrums Mensch & Natur. So hört das beeindruckende Naturerlebnis nach dem Wasserspaziergang noch längst nicht auf. Durch die wunderschöne Bachlandschaft führt auch trockenen Fußes ein kleiner Rundweg – unter anderem mit Gläserner Imkerei, Weidenlabyrinth und der Möglichkeit, ein Floß zu besteigen. Glücksmomente für die ganze Familie sind also garantiert.

••

◉ **LBV Zentrum Mensch & Natur mit Eisvogelsteig, Nößwartling 12, 93473 Arnschwang**
www.cham.lbv.de

Kunstwerke aus Scherben

 Die Glashütte Köck in Riedlhütte

Tradition ist nicht das Bewahren der Asche, sondern das Weiterreichen des Feuers. Und genau das passiert in einer kleinen Glashütte in Riedlhütte. Hier lag einst eines der wichtigsten Zentren der Bayerwald-Glasindustrie, doch davon ist nahezu nichts mehr übrig. Die große, den Ort prägende Glasfabrik musste 2009 schließen. In direkter Nähe brennt aber noch ein glühend heißer Ofen – beim Familienbetrieb Glasscherben Köck.

Als er 50 Jahre alt wurde, hat sich Erhard Köck seinen Lebenstraum erfüllt und den Schritt in die Selbstständigkeit gewagt. Mittlerweile ist auch sein Sohn Florian ins Geschäft eingestiegen. Das Duo erhält eine für die Region typische Handwerkskunst und lässt sich dabei über die Schultern schauen. Früher wurden die Scherben, die in den großen Hütten anfielen, wiederverwertet, um Material zu sparen. Da es diese Reste heute nicht mehr gibt, behelfen sich die Köcks mit Pellets aus hochwertigem Kristallglas. Das Prinzip ist dasselbe. Bei über 1000 Grad wird der Rohstoff im Ofen geschmolzen und anschließend mit bunten Glassplittern eingefärbt. Größe verleihen den Kunstwerken durch die Glasmacherpfeife geblasene Atemluft. In Form gebracht werden die Stücke mit Hilfe von nassem Buchenholz und ein paar Zangen. Fertige Formen verwenden die Köcks nicht – jedes Stück ist handgemacht. Auffällig ist, dass Luftbläschen ganz bewusst als Gestaltungselemente eingesetzt werden.

> **TIPP** Im Hüttencafé mit direktem Blick auf den Ofen kann man sich Kaffee und Kuchen schmecken lassen.

In Riedlhütte entstehen so farbenfrohe Unikate in allen nur erdenklichen Formen – Anhänger, Tierfiguren, Kugeln, Vasen, Kelche, Biergläser und Co. Alles, was hergestellt wird, landet im eigenen Verkauf, der sich im selben Gebäude befindet. Ganz spezielle Stücke im XXL-Format sind zudem im hauseigenen Wald-Glas-Garten zu bestaunen. Da stehen etwa zwölf Meter hohe Glasbäume, eine gläserne Krippe oder lebensgroße Nachbildungen von Wisent, Bär und Storch. Bei dem Anblick kann man von Glück sprechen, dass es noch Handwerker gibt, die das Feuer am Lodern halten.

● Glasscherben Köck, Forsthausstraße 2, 94566 Riedlhütte
www.glasscherben-koeck.de
● ÖPNV: Finsteraubus Linie 603, Haltestelle Riedlhütte, Glashütte, dann 5 Minuten Fußweg

Leinwand in Großformat

 Den Sonnenuntergang im Naturkino genießen

Draußen ist das neue Drinnen, denn Mutter Natur hat eben die besten Filme im Programm. In der Nähe von Lohberg haben pfiffige Cineasten das schon früh begriffen. Entstanden ist ein Naturkino mit landschaftlicher Großleinwand. Hier kann man ganz ohne Eintrittskarte Platz nehmen und so lange man will sitzen bleiben. Es nervt kein lautes Geraschel mit Popcorn, kein Mitarbeiter, der kurz vor Beginn noch ein paar Portionen Eis verkaufen will, oder Stuhlnachbarn, die sich rotzfrech ausbreiten, wie es ihnen gerade passt. Diese Location teilt man sich meist nur mit einer Handvoll Leuten, wenn überhaupt.

Doch was ist eigentlich ein Naturkino? Und welchen Streifen sollte man auf keinen Fall verpassen? Zunächst einmal: Bei diesem luftigen Glücksort handelt es sich um eine Ansammlung 20 hölzerner Bänke. Die stehen auf dem Höhenkamm des Bayerwaldes, unweit des etwas über 1300 Meter aufragenden Berges Zwercheck. Nur wenige Schritte nordöstlich liegt die tschechische Grenze, die man beim Anmarsch über einige Hundert Meter direkt neben sich hat. Kurzum: Man befindet sich mitten in der Natur, weit weg von den nächsten Ortschaften. Dafür genießt man ungestörte Blicke ins darunterliegende Tal sowie die Bergketten des Bayerischen Waldes – sogar dem König des Gebirges, dem 1456 Meter aufragenden Großen Arber, ist man ganz nah.

TIPP Für den Rückweg sollte man sich eine Taschenlampe oder Stirnlampe in den Rucksack werfen.

Wenn man es einrichten kann – und keine Angst vor dunklen Wäldern hat – sollte man es sich unbedingt zum Sonnenuntergang auf den Logenplätzen gemütlich machen. Ganz langsam sinkt der Himmelskörper dann tiefer. Von Sekunde zu Sekunde leuchtet er immer stärker in allen nur vorstellbaren Rottönen. Er taucht die Landschaft um sich herum in eine mystische Lichtstimmung. Die Waldwogen vor den Kinobesuchern werden immer schemenhafter, bis nur noch sanfte Umrisse erkennbar sind. Es ist zwar kein langer Film, dafür bleibt der Zauber dieser Momente für immer im Gedächtnis. Bei gutem Wetter ist die Show schließlich oscarreif.

Naturkino am Zwercheck, 93470 Lohberg
www.gemeinde-lohberg.de
Parkplatz Scheiben, Lohberg, an der Staatsstraße 2154, dann ca. 1 Stunde Fußweg

Idyllischer Kaiserschmarrn

 Einkehr in die historische Hütte Schareben

Eigentlich muss man sich die Hüttenleckerei in den Bergen ja fleißig verdienen. Mit Ausdauer. Mit Durchhaltevermögen. Mit Schweiß. An Tagen, an denen der sportliche Ehrgeiz nicht allzu groß ist, mag einen das unzufrieden zurücklassen. Doch zum Glück gibt es ein paar Gebirgsgaststätten, die mit dem Auto erreichbar sind. Die historische Berghütte Schareben bei Drachselsried zählt zu dieser Kategorie. Ein Ausflug lohnt schon allein wegen des luftigen Kaiserschmarrns, der förmlich auf der Zunge zergeht. Etwaige Schuldgefühle aufgrund der direkten Anfahrt werden beim Genuss des süßen Traums in Sekundenschnelle ebenfalls im Munde zergehen.

Ursprünglich diente das denkmalgeschützte Gebäude als Waldarbeiter-Stützpunkt. Doch schon 1880 wurde hier auf 1019 Metern über dem Meeresspiegel ein Wirtshaus etabliert. Die urige Gemütlichkeit ist seitdem das Aushängeschild schlechthin – egal zu welcher Jahreszeit. Die bayerischen Köstlichkeiten locken Wanderer, Radfahrer, Skilangläufer und Ausflügler gleichermaßen an. Die meisten kommen, um die Natur rundherum zu erkunden. Wer nur ein kurzes Stück ohne größere Höhenunterschiede wandern will, folgt ab der Hütte dem Rundwanderweg mit der Markierung 12 zur Spitzwaldkanzel – einem Aussichtspunkt ins darunterliegende Zellertal.

TIPP Wer seinen erschöpften Füßen etwas Gutes tun will, springt kurz in die Kneippanlage an der Hütte.

Ambitioniertere Outdoor-Fans können ihre Tour natürlich gern im Tal starten, zum Beispiel an der Poschingerhütte bei Drachselsried. Oder man plant gleich acht Tausender an einem Tag ein. Dabei erwandert man zwischen Eck und der Talstation des Großen Arbers acht Gipfel, die höher als 1000 Meter liegen (www.goldsteig-wandern.de). Mit einem kleinen Abstecher von dieser Route kann die Schareben-Hütte als gemütlicher Zwischenstopp genutzt werden. In beiden Fällen bräuchte man kein schlechtes Gewissen aufgrund der kalorienreichen Freuden befürchten.

Doch egal, ob man aus eigener Kraft oder dank fahrbarem Untersatz auf der Terrasse der mit Holzschindeln verkleideten Hütte gelandet ist: Schmecken tut's auf jeden Fall.

Berghütte Schareben, Schareben 2, 94256 Drachselsried, Tel. (0 99 45) 10 37
www.berghütte-schareben.de

Ein Baum auf drei Etagen

19 *Das Waldgeschichtliche Museum in St. Oswald*

Wohin zuerst? Diese Frage stellt sich doch immer, wenn man eine Region neu entdeckt. In diesen Situationen wäre es perfekt, eine leicht verdauliche Gebrauchsanweisung an der Hand zu haben. Gut, dass es das Waldgeschichtliche Museum in St. Oswald gibt. Hier trifft Vergangenheit auf Gegenwart und Natur auf Kultur. Auf drei Etagen bekommen Besucher einen kurzweiligen Einblick in den Bayerischen Wald und dessen Bewohner. Im Mittelpunkt steht – wie könnte es anders sein – ein Baum. Wie eine Wendeltreppe zieht sich der von den Wurzeln im Keller vorbei an einer Spechthöhle bis zur Baumkrone im Obergeschoss. In jedem Stockwerk stehen andere Themen im Vordergrund. Vorteil des Rundumschlag-Konzepts: Alle Gäste finden Bereiche, die sie besonders interessieren, die zum Verweilen einladen. So spielt im Erdgeschoss die Natur die Hauptrolle. Viele Baumarten kommen zu Wort. Tatort-Kommissar Udo Wachtveitl erzählt etwa vom Brotbaum der Region, der Fichte. Gleich daneben streifen die tierischen Bewohner um Hirsch und Co. durch den Wald. Meist werden alle Sinne bedient. Anfassen, Riechen, Hören. Nichts kommt zu kurz.

TIPP Für Musikbegeisterte finden im Museum immer wieder Konzerte statt.

Der Keller präsentiert sich ein bisschen wirtschaftlicher. Wie wurde früher das Holz aus dem Wald gebracht? Was steckt hinter der Spiegelauer Waldbahn? Warum spielt Glas so eine wichtige Rolle in der Region? Was kann man alles aus Granit herstellen? Welche Bedeutung hat der Nationalpark für den Tourismus? Antworten darauf gibt es zuhauf.

Im Obergeschoss kann man spannenden Geschichten lauschen. In Hörsesseln kommen bekannte Einheimische, also echte „Waidler", zu Wort. Auch eine Bauernfamilie erzählt vom entbehrungsreichen Leben früherer Tage. Daneben wird's traditionell. Schon einmal was vom Ratschen gehört? Oder vom Wasservögelsingen? Oder gar vom Wolfauslassen? Nicht? Die Dreifach-Installation zu den Bräuchen der Region klärt auf, was dahintersteckt. Zugleich kann man seinen Kopf direkt reinstecken ins Geschehen. Dabei gleich noch ein glückliches Selfie schießen!

Waldgeschichtliches Museum, Klosterallee 4, 94568 St. Oswald
www.nationalpark-bayerischer-wald.de
ÖPNV: Bus 603, Haltestelle St. Oswald, Klosterkirche, dann 5 Minuten Fußweg

Dem Schnee ganz nah

 Das Langlaufzentrum Bretterschachten

Es ist der wohl längste Glücksort im Bayerischen Wald und schon allein aufgrund seiner schieren Größe bietet er riesige Möglichkeiten. Hier lässt sich winterliche Weite ganz intensiv erfahren. Hauptakteur in diesem Erlebnisparadies ist prächtig schimmernder Naturschnee: Die weiße Pracht sorgt im Aktivzentrum Bretterschachten bei Bodenmais für beste Langlaufbedingungen auf 114 Streckenkilometern. Gut vier Monate im Jahr ist das Gebiet am Fuße des Großen Arbers erste Anlaufstelle für nordische Brettl-Fans.

Die Schneesicherheit hat das weit verzweigte Loipennetz seiner Höhenlage zu verdanken. So liegen die Routen für klassisches Langlaufglück und Skatingfreuden zwischen 1100 und 1300 Metern über dem Meeresspiegel. Wo andernorts emsig mit Schneekanonen nachgeholfen werden muss, um die Pisten präparieren zu können, segnet Mutter Natur den Bretterschachten noch mit genügend winterlichen Niederschlägen. Einen Meter dick ist die Schneedecke in der Hochsaison mindestens.

Am Einstieg ins Loipennetz gibt's nicht nur einen Kiosk, Umkleiden, einen Wachsraum und große Parkplätze, sondern auch eine gut bediente Bushaltestelle. Wer schließlich startbereit ist, findet dank großen Übersichtskarten schnell ein passendes Angebot. Von kurzen Runden über wenige Kilometer bis hin zur marathonverdächtigen 30-Kilometer-Höhenloipe ist für jeden Geschmack etwas dabei. Egal, welche Route es am Ende wird, die Wohlfühlelemente bleiben dieselben: Fordernde Anstiege, rasante Abfahrten und viele gemütliche Flachpassagen wechseln sich ab. Allzu viel Hektik sollte man aber nicht an den Tag legen, schließlich warten an vielen Stellen faszinierende Ausblicke darauf, entdeckt zu werden. Bei allem sportlichen Ehrgeiz gehören also viele kraftschöpfende Ruhepausen zum Pflichtprogramm. Dabei sollten Langläufer einfach mal den Zauber der Natur genießen, eine heiße Tasse Tee aus der Thermoskanne schlürfen und sich dafür bedanken, solch verschneites Glück erleben zu dürfen.

TIPP Wer lieber alpin unterwegs ist, wird im Skigebiet am Großen Arber glücklich.

○ Aktivzentrum Bretterschachten, Arberseestraße, 94249 Bodenmais
www.bodenmais.de
○ ÖPNV: Skibus 6085, Haltestelle Langlaufzentrum Bretterschachten, Bodenmais

Mystische Wildbachklamm

21 *Eine Wanderung durch die Buchberger Leite*

Es ist ein ständiges Wechselbad. Mal ist es berauschend laut, mal betörend still. Mal atemberaubend steil, mal sanft abfallend. Mal mitreißend, mal weich umspülend. All das kann das wilde Bergwasser sein. In der Buchberger Leite hat sich das kühle Nass über Jahrtausende durch die Landschaft gepflügt. Entstanden ist eine der romantischsten Schluchten Bayerns. Wer hierher kommt, erlebt nicht nur ungebändigtes Wasser, sondern auch einen mystischen Urwald. Ein natürliches Glücksduo.

Die knorrigen Bäume sind mit filigranen Flechtenteppichen überzogen. Auf nahezu jedem Felsbrocken wuchert saftig grünes Moos – egal, ob im Wald oder im Flusslauf. Die Luft ist klar und frisch. An einigen Stellen ist die Klamm so eng, dass sich nur selten ein Sonnenstrahl hinein verirrt. An anderen Plätzchen wird das Tal auf einmal offener und lichter. Es ist diese Abwechslung, die den knapp acht Kilometer langen Wanderweg zwischen Freyung und Ringelai zu einem unvergesslichen Erlebnis macht. Erst geht's am Saußbach entlang. Nach dem Rendezvous mit dem Reschbach nennt sich der Fluss schließlich Wolfsteiner Ohe.

Einer der absoluten Lieblingsplätze befindet sich schon kurz nach dem Einstieg ins Tal, unterhalb des Freyunger Stausees. Etwas unscheinbar thront dort ein kleiner Felsvorsprung. Ein Schild besagt, dass es sich um die Augustin-Kanzel handelt – gewidmet dem Oberzollkontrolleur Augustin, der 1884 die Waldvereinssektion Freyung gründete. Auf diesem Steinmassiv genießt man ungewöhnliche Einblicke in den sich durchs Tal schlängelnden Wasserlauf. Ein bisschen kommt man sich vor wie eine Drohne, die hoch droben schwebt und der Natur auf den Kopf schaut.

Ganz anders wiederum zeigt sich die Klamm ein paar Meter weiter. Ein felsiges, leicht zugängliches Uferstück macht die Froschperspektive möglich. Auf einmal kommt das Wasser von oben, kämpft sich Stufe für Stufe gen Tal vor. An jeder Felsphalanx sucht es sich einen neuen Weg.

....
◉ Buchberger Leite, 94078 Freyung, www.freyung.de
◉ ÖPNV: (Ruf-)Bus 101 von Ringelai nach Freyung, www.freyung-grafenau.de

Wo die Region geboren wurde

 Wallfahrtskirche Frauenbrünnl bei Rinchnach

Wie es hier vor über 1000 Jahren wohl ausgesehen haben mag? Zu einer Zeit, in der der Bayerische Wald noch unbesiedelt war? Einer, der es erzählen könnte, ist der Heilige St. Gunther. Er gilt als erster Mensch, der sich in der Region niedergelassen hat. Und als derjenige, der Anfang des 11. Jahrhunderts den ältesten Ort im mittleren Bayerischen Wald gegründet hat: Rinchnach. Dort, wo er in einer kleinen Einsiedelei lebte, steht heute ein imposantes Gotteshaus mitten im Wald. Auf geht's zur Zeitreise zum Frauenbrünnl!

Um sich in die Vergangenheit hineinzuversetzen, sollten Besucher an einer kleinen Aussichtsplattform Halt machen. Von dort aus hat man nicht nur einen schönen Blick auf die Guntherkirche mit ihrem weißen Turm, der von einem goldenen Kreuz geschmückt wird. Nein, auch die Landschaft davor mit kleinen Ortschaften, Wiesen, Feldern und Wäldern breitet sich vor dem Betrachter aus. Die Spuren menschlicher Besiedlung sind omnipräsent. Deswegen sollte man die Augen schließen, um sich vorzustellen, wie diese Gegend wohl ausgesehen haben mag, als St. Gunther hier ein Kloster gründen wollte. Es muss eine raue, herausfordernde und entbehrungsreiche Zeit gewesen sein …

TIPP Jahr für Jahr findet am zweiten Sonntag im September eine Kirchweih statt.

Wer die schmucke Kirche bestaunen mag, muss im Gegensatz zu früheren Tagen keine weite Wanderung in Kauf nehmen. Vom Parkplatz aus benötigt man nur wenige Minuten, um zum Glücksort zu kommen. Gesäumt wird der Pfad von einem aus Granitsteinen gestalteten Kreuzweg. Auch einige hölzerne Totenbretter zur Erinnerung an Gestorbene säumen den Steig.

Direkt vor dem Eingangsportal entspringt ein kleiner Brunnen. Diesem Frauenbrünnl hat die Wallfahrtskirche ihren Namen zu verdanken. Seit der jüngsten Renovierung kann man jederzeit durch ein Gitter ins Innere des Gotteshauses blicken. In den Sommermonaten stehen die Türen zudem jeden Sonntagnachmittag offen. Dieser Einblick würde wohl auch St. Gunther glücklich machen. Denn zu seinen Lebzeiten stand die Kirche noch nicht. Sie wurde erst im 18. Jahrhundert erbaut.

◐ **Wallfahrtskirche Frauenbrünnl bei 94269 Rinchnach-Gehmannsberg**

Leckere Holzofen-Schmankerl

 Die Pizzeria da Luigi in St. Oswald

Pizzaliebe kennt keine Grenzen. Und genau deswegen hat es Luigi De Pescalis vom sonnigen Apulien ins beschauliche St. Oswald verschlagen, den Heimatort seiner Frau Marianne. Für alle Freunde italienischer Kulinarik eine wahrhaft köstliche Entscheidung. Schließlich betreibt das Paar dort nun schon seit 2002 eine der beliebtesten Pizzerien der Region. Das Markenzeichen des Duos sind Pizzen für den extra großen Hunger. Im Lokal dreht sich alles um den selbst gebauten Holzofen. Darin knistert ein wohlig warmes Feuerchen, in dessen Schein die runden Leckereien in wenigen Minuten fertig gebacken werden. Die eigentliche Kür wird jedoch schon Stunden zuvor absolviert. Schließlich steht und fällt das Endergebnis mit dem Teig. Und der entsteht schon am Morgen – im Verborgenen. Die genaue Zubereitung ist und bleibt freilich ein Familiengeheimnis. Dafür kann man den Pizzavirtuosen beim Belegen ganz genau auf die Finger schauen. Drauf kommen nur frische Zutaten, dabei darf's auch mal etwas exotischer werden.

Auf der Speisekarte findet jedes Familienmitglied etwas für seinen Geschmack. Auf die Pizza Luigi kommt zum Beispiel nahezu alles – außer Fisch und Knoblauch. Die Pizza Marianne ist etwas exklusiver, kommt sie doch mit Birne, Gorgonzola und Schinken daher. Und auf der Pizza Francesca – benannt nach der gemeinsamen Tochter – landet gegrilltes Gemüse und Knoblauch. Das Wirtspaar hatte sich einst in Regensburg kennengelernt – passenderweise, als Marianne – zu dieser Zeit als Außendienstmitarbeiterin unterwegs – dem damals dort schon selbstständigen Pizzeria-Betreiber Luigi Käse verkaufen wollte.

Käse spielt natürlich auch heute noch eine der Hauptrollen im Ristorante da Luigi – und zwar nicht nur auf den Pizzen, sondern auch auf hausgemachten Spaghetti, Rigatoni oder Tagliatelle. So werden nicht nur Pizza-, sondern auch Pasta-Liebhaber richtig glücklich. Liebe geht ja bekanntlich durch den Magen.

TIPP Die Pizzeria ist gerade bei Einheimischen sehr beliebt, daher sollte am Wochenende unbedingt reserviert werden.

- Pizzeria da Luigi, Altschönauer Straße 1, 94568 St. Oswald, Tel. (0 85 52) 92 12 86
- ÖPNV: Bus 603, Haltestelle St. Oswald, Altschönauer Straße, dann 5 Minuten Fußweg

Schwitzen unterm Nachthimmel

 Das Solebecken in der Bayerwald-Sauna

Nichts geht über eine wohlig-warme Pause! Also geht's hinein ins angenehm temperierte Solebecken. Bei der Auszeit im Thermalwasser werden die Kraftreserven wieder aufgefüllt. Währenddessen ragt hoch droben der Sternenhimmel als unendlich große Kathedrale auf. So wird dieser Glücksort zu einer der besten Wohlfühloasen weit und breit.

Der 34 Grad warme Pool befindet sich hinter blickdichten Mauern in einem kleinen Gebäudeensemble, dem Zwieseler Sauna-Dorf. Rot gestrichene Holzhäuschen und naturbelassene Blockhütten bieten reichlich Möglichkeiten. Wer es richtig heiß will, wirft sich in die Tennen- oder die Hochsitz-Sauna. In einer der beiden Schwitzstuben beglücken die Sauna-Meister ihre Gäste stündlich mit einer Vielzahl an Aufgüssen. In der Bayerwald-Sauna ist für jeden etwas dabei: Von frischem Holunderblütenduft über pflegendes Zucker- und Salz-Peeling oder das russische Fegefeuer bis hin zum meditativen Klangschalen-Intermezzo reicht das Spektrum. Freunde moderater Wärmegenüsse zieht's lieber in die Kräuter-, Bärwurz- oder Leucht-Sauna.

TIPP *Jeden letzten Freitag im Monat ist Eventsauna mit längerer Öffnungszeit und besonderem Aufguss-Programm.*

Für die Abkühlung nach der Schwitzeinheit geht's auf jeden Fall in den Sauna-Garten. Erstmal erfrischende Bergluft einatmen – am besten am Gradierwerk. Über die Wand aus gestapeltem Schwarzdornreisig fließt beständig salzhaltiges Quellwasser. Davor ist also immunsystemstärkende Soleinhalation angesagt. Im Anschluss kann man den Füßen beim Fußreflexzonenrundgang über Rindenmulch noch etwas Gutes tun. Und der Nase auch, denn gleich nebenan sorgen Lavendel, Koriander, Oregano und Co für wahre Duftexplosionen.

Den Abschluss des Kreislaufs aus Aufwärmen und Abkühlen bildet schließlich das Ausruhen. Und hierfür gibt's keinen besseren Ort als das hauseigene Solebecken. Übrigens kann ins wärmende Nass ein erfrischendes Kaltgetränk mitgenommen werden. Das angeschlossene Bistro bietet dafür eigens robuste Plastikgefäße an. So wird das Glück gleich noch eine Prise vollkommener.

○ **Bayerwald-Sauna am Zwieseler Erholungsbad, Badstraße 4-6, 94227 Zwiesel**
www.bayerwaldsauna.zwiesel.de
○ **ÖPNV: Waldbahn-Linie 1, 2 und 3, Haltestelle Bahnhof Zwiesel, dann 10 Minuten Fußweg**

Entschleunigung am Fluss

 Eine Kanu-Tour auf dem Schwarzen Regen

Einfach mal mit dem Strom schwimmen. In gemächlichem Tempo flussabwärts treiben. Die sanfte Landschaft an einem vorbeiziehen lassen. Diese Form der Entschleunigung kann man auf dem Schwarzen Regen erleben. Das Gewässer ist prädestiniert für gemütliche Kanu-Touren. Gerade auf der Strecke zwischen Schnitzmühle und dem Höllensteinstausee ist keinerlei Vorkenntnis nötig, auch blutige Anfänger können die etwa elf Kilometer lange, ruhige Strecke absolvieren. Rund drei Stunden sollte man dafür einplanen.

Ausgerüstet mit wasserdichtem Packsack, aktueller Flusskarte und bei Bedarf Schwimmwesten geht's los. All das – sowie einen Abholservice – bieten die Kanu-Verleihe der Region an. Eine kurze Einführung gibt's obendrein. Ist das Boot dann erst einmal im Wasser, wird ein gleichmäßiger Takt der Paddeleinsätze eingeschlagen. Ob flott oder langsam, Hauptsache, in Bewegung. An den Ufern liegen sattgrüne Wiesen, lauschige Zeltplätze, dichte Wälder und manchmal sogar schroffe Felsen. Meist ist von der Zivilisation nur wenig zu sehen, es ist ruhig und still.

TIPP *Bei schönem Wetter sollte man sich mit einer Kopfbedeckung vor der Sonneneinstrahlung schützen.*

Optimale Voraussetzungen, um abzuschalten. Bei warmem Wetter lockt Wagemutige zudem ein erquickender Sprung ins kühle Nass.

An einigen Stellen der Tour muss das Kanu kurzzeitig angelandet werden. Dann steht ein paar Meter Schleppen auf dem Programm, um Wehranlagen zu umgehen und auf der anderen Seite des Hindernisses wieder ins Wasser einzusetzen. Am Campingplatz Pirka wiederum lohnt eine Pause, um sich am dortigen Kiosk mit einer kleinen Stärkung zu versorgen. Wem diese Pausen nicht reichen, der kann natürlich jederzeit die Paddel ins Boot legen und mitten im Fluss Siesta machen.

Erfahrene Kanuten, die mehr Action erleben wollen, bietet der Regen ein Stückchen weiter flussaufwärts etwas rauere Bedingungen. Auf dem Abschnitt zwischen Gumpenried und der Schnitzmühle müssen einige leichte Wildwasserpassagen bewältigt werden. Und freilich erfährt man auch beim Reiten über die sanften Flusswellen wahre Glücksgefühle.

▶ **Kanu-Verleih, zum Beispiel VIT & fun, Stadtplatz 1, 94234 Viechtach**
www.bayerisch-kanada.de, Einstieg in Schnitzmühle
▶ **ÖPNV: Waldbahn-Linie 4, Haltestelle Schnitzmühle, dann 5 Minuten Fußweg**

Insel im Waldmeer

 Das Forsthaus auf dem Tummelplatz

Mit einem Schritt ist man in einer völlig anderen Welt. Aus dichtem Wald wird lichte Wiese. Aus kühlem Schatten wird wärmendes Licht. Und aus steter Wanderei wird gemütliches Rasten. Genau dafür gibt's im Nationalpark Bayerischer Wald nämlich keinen besseren Ort als den Tummelplatz. Hier tummelt sich natürliches Glück inmitten einer Insel im Waldmeer. Auf 1139 Höhenmetern kann man Einsamkeit genießen, die Wildnis fühlen, zu sich selbst finden, einfach zufrieden sein.

Im Zentrum der Waldweide steht ein historisches Forsthaus. Mit seinen hölzernen Schindeln, dem verschnörkelten Balkon und dem Wassertrog mit seinem kühlen Inhalt wirkt es wie aus der Zeit gefallen, wie ein Wächter vergangener Tage. Bereits 1860 entstand das Gebäude. Es war nicht nur Wohnhaus für Förster und ihre Familien, sondern auch Versorgungsstation für Rinder, die einst im Sommerhalbjahr hierhergetrieben wurden. Genutzt wird das Haus schon lange nicht mehr, Wanderern bietet es aber immer noch Bänke unterm Vordach. Somit ist einem selbst bei Regen ein trockenes Plätzchen sicher und im Hochsommer ist man über den Schatten froh, welchen das Haus spendet.

TIPP Nur wenige Gehminuten entfernt liegt das Großalmeyerschloss, ein 1198 Meter hoher Aussichtsberg.

Um die ganz besondere Weidenstimmung zu erleben, muss man etwas Ausdauer mitbringen. Zwischen eineinhalb und zwei Stunden sollte man einplanen, um zum Tummelplatz zu gelangen. Knapp 400 Höhenmeter müssen dabei überwunden werden. Dafür ist der Weg durchwegs einfach, von der Sagwassersäge aus führt ein breiter Pfad beständig bergauf, bis die Lichtung erreicht ist.

In den Rucksack sollte auf jeden Fall eine deftige Bergbrotzeit. Die hat man sich am Ziel redlich verdient. Bei der Stärkung kann man den Charme des Schachtens, wie die ehemaligen Hochweiden im Bayerischen Wald genannt werden, noch besser in sich aufsaugen. Ringsherum erblickt man dabei nichts anderes als sattgrüne Buchen, Fichten und Tannen. So weit das Auge reicht nur Bäume. Es scheint so, als würden sie den Tummelplatz beschützen.

● Forsthaus auf dem Tummelplatz, Startpunkt der Wanderung: Am Sagwasser 2, 94556 Neuschönau
● ÖPNV: Finsteraubus Linie 603, Haltestelle Sagwassersäge, dann 5 Minuten Fußweg zum Startpunkt der Wanderung

Bitte einsteigen!

 Bahnhistorie im Eisensteiner Localbahnmuseum

Hinter dicken Mauern verbirgt sich an der Grenze zu Tschechien ein technisches Museumskleinod. Jim Knopf und Lukas der Lokomotivführer würden sich im großen Depot pudelwohl fühlen. Doch nicht nur die beiden werden hier glücklich. Schließlich versprühen alte Eisenbahnen immer einen gewissen Charme. Sofort fühlt man sich in eine Zeit zurückversetzt, als jeder von einer Reise im Orient-Express träumte. Die im Localbahnmuseum von Bayerisch Eisenstein gezeigten Exponate könnten aber gut und gern auch Pate gestanden haben für den Hogwarts Express in Joanne K. Rowlings Harry-Potter-Reihe. Man merkt schon: Alte Züge regen die Fantasie an.

Dampf- und Diesellokomotiven, Wagen, Güterwaggons und allerlei Bahnzubehör haben die ehrenamtlichen Mitglieder des Localbahnvereins in ihrem Museum gesammelt. Viele Details aus den glamourösen Tagen der Bahnreisen sind so zusammengekommen. Unter der typischen Bahnhofsuhr leuchten die hellen Frontscheinwerfer der „Osser". Die Dampflok aus dem Jahr 1922 war tatsächlich in der Region im Einsatz – für die Lokalbahn Lam–Kötzting. Mit bis zu 40 Stundenkilometern zog das 350 PS starke Ungetüm jahrzehntelang durch den Bayerischen Wald. Erst 1971 war damit Schluss. Im Museum darf das tiefschwarze Wunderwerk deutscher Ingenieurskunst seinen Lebensabend genießen.

TIPP *In direkter Nachbarschaft befinden sich mit den Naturparkwelten und den Kunsträumen zwei weitere Museen.*

Einen besseren Ort als Bayerisch Eisenstein hätte man sich für die Bewahrung der Bahnhistorie übrigens nicht aussuchen können. Durch das Dorf verlief im 19. Jahrhundert einst die kürzeste Zugverbindung zwischen München und Prag. Für die Reisenden wurde ein stattliches Bahnhofsgebäude angelegt. Nur dank dieser Infrastruktur erblühte der Tourismus in der Region schon sehr früh. Sommerfrischler nutzten schon damals die Bahn, um die Natur des Bayerwaldes zu entdecken. Daran hat sich bis heute nichts geändert. Bloß die Technik ist eine neuere geworden. Zum Glück wird aber zumindest im Localbahnmuseum der Charme der alten Zeit bewahrt.

> Localbahnmuseum, Bahnhofstraße 44, 94252 Bayerisch Eisenstein
> www.localbahnverein.de
> ÖPNV: Waldbahn-Linie 1, Haltestelle Bayerisch Eisenstein, dann 5 Minuten Fußweg

Musikalische Sitzweil

 Besuch in der Freyunger Volksmusikakademie

Heimat kann man hören. Dazu muss man nur zur Sitzweil gehen. So wird im Bayerischen Wald das feierabendliche Zusammenkommen genannt. Dabei gibt's neben guten Gesprächen, deftigen Brotzeiten und süffigem Bier meist auch Livemusik. Ein Glücksort, der diese Kombination perfektioniert hat, ist die im Frühjahr 2019 eröffnete Volksmusikakademie im Zentrum der Kreisstadt Freyung. Einmal im Monat können Fans bayerischen Flairs hier einkehren und traditionellen Klängen lauschen. Musikanten, Blaskapellen, Volkssänger und so manch spontaner Gast geben dann ihr Bestes.

Angerichtet wird im historischen Langstadl. Das Gebäude diente einst der benachbarten Brauerei als Unterstand für Pferde und Lagerort für Bierfässer. Vor dem Start der Akademie wurde es komplett umgebaut und erstrahlt nun in neuem Glanz. Einen Teil der alten Bausubstanz hat man jedoch erhalten. Das merken Besucher, die sich zur Sitzweil im schlicht verzierten Gewölbesaal niederlassen. Das steinerne Gemäuer bietet die perfekte Atmosphäre für urige Konzerte und es ist auch genug Platz, um zu Landler, Polka oder Zwiefachem das Tanzbein zu schwingen.

TIPP *Beim Heimgehen lohnt der Umweg über den Stadtplatz mit der beleuchteten Stadtpfarrkirche Maria Himmelfahrt.*

Eigentlich ist die Volksmusikakademie aber ein Rückzugsort für Gruppen, die mehrere Tage lang an ihren musikalischen Fertigkeiten feilen wollen. Im Obergeschoss befinden sich 13 schall- und klangoptimierte Proberäume. Ein Eldorado für Musikvereine, Orchester oder Chöre. Neben individuellen Aufenthalten bietet die Einrichtung auch eigene Seminare an – zum Beispiel für Harmonikaspieler, Tänzer oder Sänger. Es ist eine wohl einmalige Bildungseinrichtung.

Von der Leidenschaft, die in den Kursen vermittelt wird, soll aber auch die übrige Bevölkerung etwas erleben können. Genau deswegen hat das Team der Akademie die öffentlichen Events ins Leben gerufen. Hier treffen Einheimische, Urlauber und Musiker aus nah und fern zusammen – und genießen glückliche Feierabendstunden.

▶ Volksmusikakademie in Bayern, Langgasse 7, 94078 Freyung
www.volksmusikakademie.de

Militärischer Weitblick

 Der Aussichtsturm am Hohenbogen

An manchen Orten bleibt die Zeit einfach stehen. Meist sind das Orte, die nicht mehr gebraucht werden, und oft werden solche Plätze dem Verfall preisgegeben. Nicht so am Hohenbogen, ein kleiner Teil des Bergrückens war jahrzehntelang militärisches Sperrgebiet. Amerikaner, Franzosen und Deutsche hatten hier Aufklärungstruppen im Einsatz. Sprich: Freund und Feind wurden abgehört. Zwei hohe Türme zeugen noch heute vom Treiben der Militärs und der Geheimdienste. Mittlerweile hat sich der Hauptturm zum Glücksort für jedermann gemausert. Eine Aussichtsplattform mit phänomenalem Rundumblick auf den Oberen Bayerischen Wald macht's möglich.

Zu verdanken ist das dem emsigen Verein „sektor.f" – angelehnt an den Fernmeldesektor F. So hieß die deutsche Luftwaffeneinheit, die hier bis 2004 stationiert war. Ziel der Ehrenamtlichen ist es, das Symbol europäischer Teilung zu einem Begegnungszentrum umzuwandeln. Erster Schritt dabei war die Öffnung für die Öffentlichkeit. Dafür entstand eine rund 50 Meter hohe Außentreppe am Horchposten.

TIPP Wer den Anmarsch auf 15 Minuten verkürzen will, fährt mit der Sesselbahn nach oben.

Etwas Ehrfurcht spürt man schon, wenn man vor dieser kolossalen Rampe in den Himmel steht. Je höher man kommt, desto öfter bleibt einem die Luft weg. Nicht nur, weil hier der Wind ohrenbetäubend laut pfeifen kann, sondern auch, weil die Sicht schlichtweg atemberaubend ist. Nach knapp 300 Stufen hat man schließlich das Ziel erreicht. Die luftige Plattform lädt nun zum ausgiebigen Landschaftsgenuss ein. Auf der einen Seite präsentieren sich die Bayerwald-Hochlagen vom Osser über den Arber bis zum Geißkopf. Auf der anderen Seite öffnet sich die Further Senke. Schwindelfreie stürmen vermutlich zunächst auf einen kleinen Steg, der von der eigentlichen Plattform horizontal scheinbar ins Nichts führt. Auf einmal kann man unter den eigenen Füßen den Boden sehen, schwebt nahezu über dem Berg. Ein erhabenes Gefühl. Zugleich ist genau dieser Glücksmoment der Beweis dafür, dass sich Geschichte manchmal eindeutig zum Besseren wendet.

sektor.f, 93485 Rimbach
www.sektor-f.de, www.hohenbogen.de

Howdy!

 Den Wilden Westen in Pullman City erleben

Majestätisch trabt eine Gruppe hochgewachsener Bisons über die sandige Straße – mal ganz langsam, von links nach rechts schwankend, dann wieder ein paar Meter forsch, in stattlichem Tempo. Staub wird aufgewirbelt, setzt sich in einer dünnen Schicht auf das buschige Fell. Zwischen den Tieren geht Hunting Wolf. Er führt die Herde, gibt ab und zu Kommandos, wirkt sehr vertraut mit den Vierbeinern. Nach ein paar Minuten ist das Spektakel schon wieder vorbei. Das Ende der Mainstreet in der Westernstadt Pullman City bei Eging am See ist erreicht – und Cheyenne-Halbblut Hunting Wolf führt seine Schützlinge wieder auf die saftigen Weiden am Rande des Geländes. Doch die American History Show ist damit noch lange nicht zu Ende.

Die authentische Hauptstraße von Pullman City ist gesäumt von Holzgebäuden im Wild-West-Stil. Auf der einen Seite thront die Music and Dance Hall, auf der anderen das Restaurant Scarlett's. Dazwischen liegen Hotels, Bars, Geschäfte und eine Bank. Alles, was das Herz von Cowgirls und Cowboys eben begehrt. Diese Kulisse ist der perfekte Ort, um sich mit der Besiedlung des westlichen Amerikas zu beschäftigen. Das Show-Team der Westernstadt benötigt dafür eine Dreiviertelstunde. Neben den Bisons kommen rasende Reiter, klapprige Planwagen und eine rot schimmernde Postkutsche zum Einsatz. Selbst ein Viehtrieb durch die weite Steppe wird nachgestellt. Schauspieler werden zu Indianern, Siedlern und Banditen. In kurzen Szenen werden den Besuchern z. B. der Goldrausch, der Pony-Express und der Bürgerkrieg von 1861 nähergebracht. Wäre Geschichtsunterricht in der Schule so abenteuerlich und kurzweilig gewesen, hätte man wohl mehr davon in Erinnerung behalten. Neben dem Showprogramm bietet der etwas andere Freizeitpark noch weitere Glücksmomente. Man kann im Tipi oder in der Blockhütte übernachten, Gold waschen, Tanz-Workshops besuchen, Konzerte genießen und einen Adventure Trail meistern. Der Wilde Westen bietet schließlich unbegrenzte Möglichkeiten.

TIPP Im November und Dezember verwandelt sich die Mainstreet in einen deutsch-amerikanischen Weihnachtsmarkt.

○ Westernstadt Pullman City, Ruberting 30, 94535 Eging am See
www.pullmancity.de

Auf leisen Pfoten

 Die Luchse im Nationalparkzentrum Falkenstein

Geduld ist eine Tugend. Nicht alle Glücksmomente kommen einem direkt entgegengeflogen. Auf einige muss man warten können. An Ort und Stelle bleiben. Runterkommen. In sich gehen. Vorfreude aufkommen lassen. Auf all das sollten sich Besucher des Luchsgeheges bei Ludwigsthal einlassen. Es ist durchaus möglich, dass stundenlanges Ausharren nötig ist, bis sich die Bewohner der weitläufigen Anlage sehen lassen. Die eleganten Tiere aus nächster Nähe beobachten zu können ist jedoch ein Privileg, das die aufgebrachten Anstrengungen voll und ganz wert ist.

Gerade im Winter bewegen sich die Vierbeiner majestätisch durch die wilde Landschaft. Mit ihren großen Pfoten schweben sie regelrecht wie Schneeschuhgeher über den glitzernden Schnee. Gewärmt werden sie dabei durch ihr mit schwarzen Punkten übersätes bräunliches Fell. Das Muster ist so individuell, dass einzelne Luchse dank der Fellzeichnung zweifelsfrei identifiziert werden können – wie wir Menschen durch den Fingerabdruck.

Dieser Fellzeichnung ist es zu verdanken, dass Forscher den Bestand in freier Wildbahn ganz genau unter die Lupe nehmen können. Durch Bilder von automatisch auslösenden Wildtierkameras weiß man, dass allein im Nationalpark Bayerischer Wald sowie im angrenzenden tschechischen Nationalpark Šumava über 20 erwachsene Luchse zu Hause sind. Doch die scheuen, gut getarnten Jäger leben hauptsächlich im Verborgenen. Selbst für Einheimische, die seit Jahrzehnten viel in der Natur unterwegs sind, stehen die Chancen auf eine Begegnung im Wald schlecht.

Genau deswegen gibt's bei Ludwigsthal im Nationalparkzentrum Falkenstein ein großzügig angelegtes Luchsgehege, das sich malerisch in die umliegende Landschaft einschmiegt. Die hier lebenden Katzen haben wie ihre Artgenossen in den umliegenden Wäldern viele Rückzugsmöglichkeiten, an denen sie ganz ungestört sind. Freilich halten sich die Gehegetiere dort aber nicht den ganzen Tag über auf, sodass sie die geduldigen Besucher immer wieder in ihren Bann ziehen.

TIPP Gleich neben dem Gehege lockt das biozertifizierte Restaurant im Haus zur Wildnis zur Einkehr.

▶ Tier-Freigelände im Nationalparkzentrum Falkenstein, Eisensteiner Straße 20, 94227 Ludwigsthal
www.nationalpark-bayerischer-wald.de
▶ ÖPNV: Waldbahn-Linie 1, Haltestelle Ludwigsthal, dann 10 Minuten Fußweg

Die Geschichte vom Mühlhiasl

32 *Kunstvolle Sagen in der Gläsernen Scheune*

Es gab schon immer Dinge, die sich Menschen nicht erklären konnten. Dinge, die zu unglaublich sind, um wahr zu sein. Dinge, die rein rational nicht erklärbar sind. Dinge, aus denen Legenden werden. Der Bayerische Wald liefert solche Sagen und Mythen in Hülle und Fülle. Eine der bekanntesten Geschichten handelt von einem geheimnisvollen Seher, als Mühlhiasl ist er bekannt. Diese alten Erzählungen sind der Stoff, von dem viele Künstler zehren. So beeindruckend wie Rudolf Schmid hat sich aber keiner mit der Thematik befasst. In seiner Gläsernen Scheune hat er dem Waldpropheten gleich zwei riesige Wände mit Glasgemälden gewidmet.

Ein warmes Schimmern empfängt Besucher, die durch ein filigran geschnitztes Holzportal in den hohen Raum eintreten, in dem das Leben und die Prophezeiungen des Mühlhiasls dargestellt werden. Etwa zehn auf sieben Meter groß ist das Kunstwerk. Es ist so detailreich gearbeitet, dass die Augen gar nicht wissen, wo sie zuerst hinblicken sollen. Gut, dass vor den gläsernen Schönheiten viele Stühle bereitstehen, auf denen man sich niederlassen kann. Erstmal durchatmen und dann ganz langsam Bild für Bild erkunden.

Im unteren Teil des Kunstwerks hat der Künstler mit Silikatfarben bunte Szenen aus dem Leben der Sagengestalt festgehalten. Die Auseinandersetzung mit einem Bären, die Inhaftierung des Sehers oder dessen wundervolle Heilung eines Wilderers. Darüber zeigt Rudolf Schmid ausgewählte Vorhersagen, die er mit Bleistiftzeichnungen zu Glas gebracht hat. Eine Stimme aus dem Off erzählt den Gästen in regelmäßiger Wiederkehr, welche Überlieferungen hinter den einzelnen Motiven stecken. Weniger kleinteilig, aber nicht minder außergewöhnlich, wartet im nächsten Raum ein großflächiges symbolisches Porträt des Protagonisten. Hier wächst der Mühlhiasl aus einem Baumstumpf heraus und wird stets vom Tod, den seine Prophezeiungen mit sich bringen, begleitet. So schaurig die Mythen auch sein mögen, deren Darstellungen sind wahre Meisterwerke. Künstlerisches Glück für jedermann.

Gläserne Scheune, Rauhbühl 3, 94234 Viechtach
www.glaeserne-scheune.de

Abenteuer in luftiger Höhe

33 *Unterwegs im Kletterwald von Waldkirchen*

Beim Spaziergang durch den Wald hat jeder schon einmal sehnsüchtig nach oben geblickt. Hinauf zu den sattgrünen Blättern und Nadeln. Dorthin, wo die Vögel ihre Nester bauen, der Wind stärker pfeift als am Boden und die Eichhörnchen von Ast zu Ast hüpfen. Frei nach Reinhard Mey: Da droben, da muss die Freiheit wohl grenzenlos sein. Doch dieses Glück muss uns nicht verborgen bleiben. Es gilt nur, den richtigen Ort dafür zu finden. Wer schon immer wissen wollte, wie es sich anfühlt, in Tarzans Haut zu stecken, der muss nur nach Waldkirchen fahren. Der dortige Kletterwald wartet zwar nicht mit Lianen auf, dafür aber mit abenteuerlichen Routen durch die Baumkronen.

Zunächst aber: safety first! Klettergurt, Leinen, Helm – alles wird mit Hilfe der kompetenten Mitarbeiter angelegt und auf optimalen Tragekomfort überprüft. Es folgt eine theoretische Einführung in die doppelte Sicherung und eine kleine Proberunde unter den wachsamen Augen eines Guides. Erst danach beginnt der eigentliche Spaß. Sechs Touren verschiedener Schwierigkeitsgrade stehen zur Auswahl. Mindestanforderung ist eine Körpergröße von 1,10 Meter, sodass auch viele Kinder auf ihre Kosten kommen.

Am Anfang jeder Runde geht's erstmal ein paar Meter hinauf auf die erste Plattform. Von da an bewegt man sich von Baumstamm zu Baumstamm. Dazwischen gilt es Hindernisse zu überwinden. Meist ist Balancieren gefragt. Egal, ob über wacklige Holzstufen, dünne Drahtseile oder umherschwingende Balken. An anderen Stellen muss man an Netzen entlangklettern oder durch Röhren krabbeln.

Trotz aller wilder Kletterei sollte man nicht vergessen, ab und zu auch mal die Umwelt um einen herum genau wahrzunehmen. In bis zu 15 Metern Höhe fühlt sich der Wald gleich ganz anders an. Die ungewöhnliche Perspektive macht ganz neue Einblicke möglich. Es ist auch ein Stück Freiheit, die man hier fühlt. Egal, ob oben oder spätestens dann, wenn man am Ende einer jeden Runde die Seilrolle einhängt und sich wieder gen Boden schwingt.

- Kletterwald Waldkirchen, Jandelsbrunner Straße 36, 94065 Waldkirchen
  www.kletterwald-waldkirchen.de
- ÖPNV: Bus 100, Haltestelle Waldkirchen Busbahnhof, dann 15 Minuten Fußweg

Wohnte hier Rapunzel?

34 *Am rekonstruierten Turm der Burg Altnußberg*

An einigen Glücksorten ist die Vergangenheit nahezu allgegenwärtig. Zu dieser Kategorie zählt die Burgruine Altnußberg zweifelsfrei. Auf einem kleinen, bewaldeten Hügel in der Gemeinde Geiersthal liegt die wahrscheinlich größte und älteste Burganlage des Bayerischen Waldes. Seit dem 12. Jahrhundert war sie der ganze Stolz von Grafen und Rittern. Doch dann folgte 1469 die komplette Zerstörung. Rund ein halbes Jahrtausend lang fiel die historische Stätte in einen nicht enden wollenden Dornröschenschlaf. Der wurde erst in den 1980er-Jahren beendet, als man mit Ausgrabungen und Rekonstruktionen begann.

Kommen Besucher heute den kurzen Waldweg zur Burg hinauf, sehen sie schon von weitem einen mächtigen Bergfried. Er hat eine massive, steinerne Fassade und schmale, wehrhafte Fenster. Es wirkt so, als könnte dieses Bauwerk jeder Belagerung standhalten. Der Turm ist jedoch nicht mehr im Originalzustand, sondern wurde als einziges Gebäude vor rund 30 Jahren im Stil des Mittelalters neu errichtet. Trotzdem könnte man vermuten, dass hier einst Rapunzel wohnte und auf die Erlösung durch ihren Prinzen wartete. Das junge Alter sieht man dem Turm mit seinem fünfeckigen Grundriss schließlich nicht an. Dafür kann man auf der überdachten Aussichtsplattform einen famosen Rundumblick über den Oberen Bayerischen Wald genießen.

Am Boden ist es gemütlicher. Rund um den Turm wurden die alten, bis zu 3,80 Meter dicken Mauern teils mannshoch freigelegt. So ist ein kleines Labyrinth zwischen Gesindeküche, Zwinger, Kapelle und Pferdestall entstanden. Kleine Tafeln erklären die frühere Nutzung der Räume. Verbunden sind diese durch kleine Trampelpfade, die über saftige Wiesen verlaufen. Genau hier sollte man sich niederlassen und eine Auszeit nehmen. Solch ruhige Momente werden die einstigen Bewohner der Burg wohl selten erlebt haben. Ein Glück für uns, dass dies mittlerweile kein Ort harter Arbeit und drohender Angriffe mehr ist.

● **Burgruine Altnußberg, Parkplatz am Burgweg, 94244 Geiersthal**
www.burgruine-altnussberg.de, www.burgschenke-altnussberg.de

Natürlicher Genuss

35 *Bodenständige Kulinarik im Gidibauer Hof*

Allein das Anwesen selbst ist eine Schau. Mächtige Platten aus heimischem Granit bilden das Grundgerüst des über 300 Jahre alten Vierseithofs. Im geschützten Innenbereich steht ein Brunnen – ebenfalls aus Granit. Das Plätschern des klaren Wassers ist omnipräsent und beruhigend, es bildet eine entspannte Geräuschkulisse im schattigen Biergarten. Das passt zum kulinarischen Angebot beim Gidibauer. Glück kommt hier schlicht daher.

Generationen haben an diesem mit saftigen Wiesen übersäten Hang am Ortsrand von Hauzenberg Landwirtschaft betrieben. Davon ist nur noch ein kleiner Rest übrig, in Form von ein paar Angusrindern – hauptsächlich für den Eigenbedarf. Heutzutage dreht sich im denkmalgeschützten Anwesen dafür alles um beste Gastlichkeit. Die Küche hat sich in den vergangenen Jahren in der Region zum echten Geheimtipp gemausert. Hauptdarsteller sind die natürlichen, meist biologisch erzeugten Zutaten, die unaufgeregt und bodenständig zu feinsten Kreationen verschmelzen. „Keep it simple" ist das Motto.

Seit 1996 betreibt Familie Ertl mit ihrem Team den Landgasthof in Verbindung mit einem 19 Zimmer großen Naturhotel. Umfangreiche Sanierungen sind dem vorausgegangen. Von Anfang an galt es, bestes Handwerk mit besten Nahrungsmitteln zu kombinieren. Die Produkte sollen nicht zu stark verändert werden, sich im Geschmack auf natürliche Weise unterstützen. So kommen oft einfach anmutende Gerichte daher. Rindfleisch, das im eigenen Saft zusammen mit frischen Kräutern schmort. Oder eine Forelle, die im Ganzen gebraten wird. Oder aber Kichererbsen werden auf bayerische Art in einen Strudel gepackt. Ein besonderes Geschmackserlebnis gibt's in allen Fällen.

Zum ganzheitlichen Wohlfühlmoment wird der Genuss der auf den Punkt zubereiteten Speisen durch das ursprüngliche Ambiente. Nicht nur der Innenhof versprüht eine Menge Charme, sondern auch die gemütlich eingerichteten Galerie Gasträume. Wenn das Umfeld passt, schmeckt's halt gleich doppelt so gut. Gaumenglück, wie es sein sollte.

▶ Landgasthof Gidibauer, Grub 7, 94051 Hauzenberg, Tel. (0 85 86) 9 64 40
www.gidibauer.de

Wo Inseln schwimmen

 Eiszeitstimmung am Kleinen Arbersee erleben

Wer das Wort „Gletscher" hört, denkt sofort an die Alpen. Doch gigantische Eismassen gab's in der letzten Kaltzeit auch im Bayerischen Wald. Zeugen dieser Epoche sind noch heutzutage in der Landschaft versteckt. Allein acht ehemalige Gletscherseen haben die Jahrtausende überdauert. Am bekanntesten und leichtesten zugänglich ist der Große Arbersee. Doch aufgrund seiner Popularität und direkten Lage an einer Staatsstraße ist er auch derjenige, der die meisten Besucher anzieht. Wer einen ruhigeren Naturgenuss bevorzugt, entscheidet sich lieber für den Kleinen Arbersee. Der versprüht genauso viele Glücksgefühle und wartet ebenfalls mit schwimmenden Inseln auf.

Die kleinen Fleckchen sattgrünen Bewuchses inmitten der dunklen Wasserfläche sind eine Besonderheit der beiden Arberseen. Torfmoose und Seggen sind dafür verantwortlich. Beide sind seit dem Rückzug der Gletscher auf dem Vormarsch, indem sie vom Uferrand aus Stück für Stück Wasserfläche für sich vereinnahmen. Eine bis zu drei Meter dicke Moorschicht ist so entstanden. Dass diese Flächen als Schwingrasen mittlerweile auf der Wasseroberfläche treiben, ist jedoch ganz und gar auf menschliche Aktivitäten zurückzuführen.

> **TIPP** Wer Lust auf eine Einkehr mit Seeblick hat, besucht das gemütliche Seehäusl am nordwestlichen Ufer.

Um mehr Wasser für den Abtransport von Holz auf dem auslaufenden Seebach zur Verfügung zu haben, wurde der See Ende des 19. Jahrhunderts einen guten halben Meter angestaut. Dabei lösten sich die moorigen Bereiche und schwimmen seither ohne feste Verbindung zum Untergrund umher. Nun sind die Inseln so stabil, dass sogar kleine Bäumchen darauf wachsen.

Weil die ursprüngliche Natur rund um den See viele seltene Arten beherbergt, wurde hier bereits 1959 ein Naturschutzgebiet ausgewiesen. Besucher können die Schönheit der Landschaft auf einem 1,5 Kilometer langen Wanderweg rund um den See bestaunen. Am besten, man sucht sich einen stillen Platz zur Rast und schaltet in den Genießermodus, während eine Libelle vor einem umherfliegt.

▶ Kleiner Arbersee, 93470 Lohberg

Im Kreiselmonster

 Eine Fahrt mit der Grafenauer Sommerrodelbahn

Der Rausch der Geschwindigkeit kann belebend wirken. Ein bisschen Adrenalin ist eben erfrischend und lässt den Alltag vergessen. Mit bis zu 40 Stundenkilometern bergab sausen ist also ein perfekter Weg, um sich eine abenteuerliche Auszeit zu gönnen. Erleben kann man diese auf der Sommerrodelbahn in Grafenau. Vor allem das vierfache Kreiselmonster hinterlässt einen bleibenden Eindruck mit Glücksgarantie. Doch bevor es gen Tal geht, muss erst einmal der Berg erklommen werden. Dafür setzt man sich an der Talstation einfach in einen der robusten Schlitten. Ein Erwachsener und ein Kind haben hier problemlos Platz. Danach legt das Gefährt mit Hilfe eines Lifts gute 100 Höhenmeter zurück – bis zum Ausstieg am oberen Ende des Hangs. Nun steht eine 1250 Meter lange Abfahrt auf dem Programm. Gleich am Anfang liegen ein paar rasante Abschnitte mit Doppelsprung, ehe eine gemütlichere Waldpassage zum Aussichtgenießen einlädt. Man blickt auf die Dächer der historischen Säumerstadt Grafenau sowie auf die umliegenden Dörfer und Hügelketten. In der Ferne entdeckt man sogar die Hochlagen des Nationalparks Bayerischer Wald.

TIPP Erholung vom Abenteuer findet man anschließend im gemütlichen Kurpark, nur 300 Meter Fußweg entfernt.

Zu lange sollte man sich aber nicht auf das imposante Panorama einlassen. Denn nach der kleinen Verschnaufpause folgt der Höhepunkt der Anlage. Gleich vier spektakuläre Kreisel warten vor dem Ziel noch darauf, bewältigt zu werden. Bei der ersten Schleife kommt die Handbremse vielleicht noch etwas stärker zum Einsatz. Bei jeder weiteren Schleife steigt das Vertrauen in die Rodelbahn und umso flotter lässt man den Schlitten talwärts rauschen. Wer bisher nicht wusste, was Fliehkräfte sind, wird am Ende der wilden Hatz dazugelernt haben.

Zwischen den Abfahrten kann man einen Kaffee auf der sonnigen Terrasse der Rodelhüttn schlürfen. Die Pause sollte man dazu nutzen, die Strecke im Kopf nochmal durchzugehen, so wie es Formel-1-Fahrer machen. Dann kitzelt man beim nächsten Mal vielleicht noch ein paar Sekunden mehr raus.

Bärenbob Sommerrodelbahn, Spitalstraße 44, 94481 Grafenau
www.sommerrodelbahn-grafenau.de
ÖPNV: Waldbahn-Linie 3, Haltestelle Bahnhof Grafenau, dann 10 Minuten Fußweg

Bieriges Wohlfühlen

38 *Wirtshaus, Hotel und Brauerei Gut Riedelsbach*

Bayern und Bier. Das ist wie Topf und Deckel, wie Asterix und Obelix, wie Yin und Yang. Das eine ohne das andere: kaum vorstellbar! Und so findet man auch im Bayerischen Wald Orte, die sich voll und ganz dem flüssigen Brot verschrieben haben. Eindeutig in diese Kategorie fällt das 1. Bier- und Wohlfühlhotel Gut Riedelsbach. Hier, am Fuße des Dreisesselberges, dreht sich alles um Helles, Weißbier, Pils und Co.
Angefangen hat Bernhard Sitter, seines Zeichens 1. Diplom-Biersommelier-Wirt Deutschlands, Anfang der 1980er-Jahre mit einem kleinen Wirtshaus, fünf Tische, kein Personal. Mittlerweile nennt er 46 Zimmer, eine kleine Hausbrauerei sowie eine 2000 Quadratmeter große Wohlfühllandschaft mit Pools, Saunen und Massagezimmern sein Eigen. Und das Bier ist einfach omnipräsent: Als Flaschensilhouetten in den Wirtshausstühlen, als Betten in Holzfassoptik, als Schaumkrone am Nachttisch oder sogar als Zapfhahn im Hotelzimmer. Bierzauber in voller Pracht. Zum Programm gehört auch Bernhards Bayerisches Bier-Bottich-Bad oder das Bierkulinarium. Bei Zweiterem wird den Gästen ein schmackhaftes Fünf-Gänge-Menü kredenzt – on top präsentiert Sitter oder einer der beiden anderen Biersommeliers des Hotels passende Bierspezialitäten. Einzigartig ist zudem das integrierte Brauerei-Kultur-Museum. Darin können allein 3000 Steinkrüge mit Brauereiwappen bestaunt werden.
Wer allerdings einfach mal komplett abschalten will, erstürmt den 34 Grad warmen Panoramapool auf dem Dach des Relax-Turmes, in den man natürlich ein kühles Blondes mitnehmen darf. Von hier aus blickt man bis ins wenige Kilometer entfernte Österreich und den nahen Oberfrauenwald. Wer genau hinschaut, kann noch eine Kirchturmspitze entdecken und sogar eine Skisprungschanze. „Dass ein Mann dort mit Bier glücklich ist, ist ja klar", sagt Sitter. „Aber ich bin immer wieder fasziniert, wie viele Frauen mir auch sagen, dass der Platz da oben für sie das pure Glück auf Erden ist." Genau das sind sie eben, die Momente der Vollkommenheit bayerischer Gemütlichkeit.

○ **1. Bier- und Wohlfühlhotel Gut Riedelsbach, Gut Riedelsbach 12, 94089 Neureichenau, Tel. (0 85 83) 9 60 40, www.gut-riedelsbach.de**

Geologisches Hexenwerk

 Der Große Pfahl bei Viechtach

Wie aus dem Nichts ragt eine mächtige Gesteinsformation aus dem Boden. Sie wirkt wie eine natürliche Grenzmauer. Eine Barriere, die Feinde abweisen soll. Dabei ist das über zehn Meter hohe Quarzmonstrum eine Laune der Natur, ein Relikt längst vergangener Zeiten. Früher wurde es als Hexenwerk verteufelt. Heute ist der Große Pfahl bei Viechtach ein geschütztes Geotop – und auch die gänzlich zauberfreie Entstehungsgeschichte ist mittlerweile geklärt.

Schroff, rau und bizarr präsentiert sich dieser Glücksort seinen Besuchern. Diese Attribute hat die milchig-weiße Felswand wohl auch ihrem Alter zu verdanken. Vor etwa 250 Millionen Jahren entstand die geologische Besonderheit aufgrund tektonischer Aktivitäten – auf einer Bruchlinie, die über 150 Kilometer von der Oberpfalz bis ins deutsch-österreichische Grenzgebiet reicht. Nur an wenigen Stellen ist der Pfahlquarz jedoch ans Tageslicht getreten. Und nirgends ist er so eindrucksvoll erlebbar wie in Viechtach.

Eigens angelegte Rundwege mit einer Länge von 0,8 und 2,7 Kilometern führen Naturinteressierte durch das Areal. Dabei kommt man nicht nur am charakteristischen Quarzfelsen vorbei, der bereits 1939 zum Naturschutzgebiet erklärt wurde, sondern auch an einem ehemaligen Quarzbruch. Bis zu 50 Meter tief sind Arbeiter dort in die Erde vorgedrungen. Hergestellt wurden meist hochwertige Schotter und Edelsplitter. Erst 1992 wurde der Abbau beendet.

> TIPP Der Naturpark Bayerischer Wald bietet Führungen am Pfahl an, im Alten Rathaus in Viechtach ist eine Infostelle.

Glücklich werden am Pfahl aber übrigens nicht nur Wanderer, sondern auch Pflanzen und Tiere. Vor allem auf der sonnenexponierten Südseite ist eine erstaunliche Artenvielfalt entstanden. Schließlich ist das sich schnell aufwärmende Gestein eine Wohlfühloase im sonst oft rauen Bayerwaldklima. Reptilien wie die Schlingnatter oder die Zauneidechse fühlen sich hier pudelwohl. Wer sich Zeit nimmt und ruhig Ausschau hält, bekommt vielleicht einen der tierischen Bewohner zu Gesicht. Nicht selten lassen sie sich zwischen den Krüppelkiefern und Silikatflechten blicken.

● Großer Pfahl, 94234 Viechtach
www.viechtacher-land.de, www.naturpark-bayer-wald.de

Wohltuende Röstfrische

 Genuss in der Kaffeerösterei Kirmse in Zwiesel

Man kann dem Duft gar nicht entkommen. Schon vor der Eingangstür steigen einem frische Röstaromen in die Nase. Drinnen ist alles nochmal viel intensiver. Der Geruchssinn weiß gar nicht, was er zuerst wahrnehmen soll. Nur eins ist klar: Es liegt kräftiger Kaffeegeschmack in der Luft – jedoch in einer unbeschreiblichen Vielfalt und Komplexität. Genau dafür steht die Kaffeerösterei Kirmse in Zwiesel. Der Anspruch des kleinen Betriebs ist es, die besten Bohnen der Welt zu veredeln und so ein exklusives Schlückchen Glück zu schaffen.

Dafür kauft der Chef, Jens Kirmse, auf der ganzen Welt ein. In Äthiopien, Brasilien, Papua-Neuguinea, El Salvador, Kenia oder Ecuador. Nur handgepflückte, biologisch angebaute und fair gehandelte Erzeugnisse haben eine Chance, ins Angebot aufgenommen zu werden. Von den guten Anbaubedingungen überzeugt sich der Unternehmer ab und zu selbst vor Ort, gerade wenn es darum geht, neue Sorten auszusuchen.

Sind die reifen Bohnen dann erst einmal im Bayerwald, beginnt für Kirmse und sein Team die eigentliche Arbeit. Denn hier kommt beim Rösten noch echtes Handwerk zum Einsatz. Gut eine halbe Stunde dauert dieser Vorgang. Zum Vergleich: Bei industriell hergestellten Kaffees werden die Bohnen meist nicht einmal eine Minute lang geröstet. Der Vorteil der traditionellen Methode: Der Kaffee ist besonders schonend, weil er fast keine Säure mehr in sich trägt.

TIPP *Wer keinen Kaffee mag, kann sich einen leckeren Kaffeekirschen-Tee schmecken lassen.*

Die reine und unverfälschte Qualität hat der kleinen Rösterei unzählige Fans in ganz Europa beschert. Bestellt wird online aus Großbritannien, Italien oder der Schweiz. Kunden aus der Region kommen aber lieber in den Laden. Das hat nämlich einen entscheidenden Vorteil: Hier kann man sich sein Lieblingsgetränk nicht nur für zu Hause abholen, sondern für zwischendurch gleich noch fachkundig aufbrühen lassen und im kuscheligen Café genießen. Oder man probiert mal eine andere Sorte aus. Wer weiß, vielleicht findet man dabei neues Glück.

Kaffeerösterei Kirmse, Prälat-Neun-Straße 4, 94227 Zwiesel
www.kaffeeroesterei-kirmse.de
ÖPNV: Waldbahn-Linie 1, 2 und 3, Haltestelle Bahnhof Zwiesel, dann 15 Minuten Fußweg

Auf Augenhöhe mit Bäumen

 Das Baum-Ei am Baumwipfelpfad bei Neuschönau

Wer im Kreis geht, kommt nie ans Ziel? Weit gefehlt! Eine der Hauptattraktionen des Bayerwalds beweist das Gegenteil. Der Aussichtsturm des Baumwipfelpfads im Nationalpark Bayerischer Wald bei Neuschönau ist die ideale Chance, um im Kreise gehend hoch hinaus zu kommen. Sich Zeit nehmen ist oberste Prämisse. Waldeinblicke wie hier gibt's nur selten zu genießen. Außerdem ist sowieso der Weg das Ziel.

Seit 2009 hat der 1300 Meter lange Holzsteig inmitten des Bergmischwaldes für Besucher geöffnet. Auf über 20 Metern Höhe führt er vorbei an Fichten, Buchen und Tannen. Wie die Bäume von unten aussehen, wissen die meisten Wanderer ja, aber das Tête-à-Tête aus der luftigen Perspektive ist dann doch meist Neuland. Zwischen den Baumkronen wandelt man eben nicht jeden Tag. Einige Stämme sind sogar so nah am Geländer, dass man sie mit etwas Kraftanstrengung in Schwingung versetzen kann. Erst da wird eigentlich klar, wie flexibel die Giganten sind. Was von unten kaum wahrnehmbar ist, ist vom Pfad aus betrachtet schon ein beachtlicher Ausschlag. Glück für die Bäume: Nur dank dieser Flexibilität sind sie gegen Winde gefeit.

TIPP In direkter Nähe ist ein Tier-Freigelände, in dem Luchs, Bär und Co. in großen Landschaftsgehegen leben.

Höhepunkt ist schließlich der Aussichtsturm am Ende des Weges. Weil er von der Ferne betrachtet wie ein Ei ausschaut, haben ihm die Einheimischen den Spitznamen „Baum-Ei" gegeben. Aus der Nähe erinnert die Konstruktion jedoch eher an die Kuppel des Berliner Reichstages. In sanften Spiralen schlängelt sich der barrierearme Pfad langsam gen Himmel. Am Ende stehen die Besucher 44 Meter über dem Grund und können bei gutem Wetter einen famosen Rundumblick genießen.

Glücklich wird man aber schon ein paar Höhenmeter weiter unten. Dafür muss man sich nur in der Hälfte des Aufstiegs einen Moment der Ruhe gönnen. Hier, im Zentrum der ausgetüftelten Holzei-Optik, kann man eine einmalige Symbiose aus Natur und Architektur bewundern. Stetig kämpft sich die Rampe empor, umspielt sogar im Inneren wachsende Bäume und lässt das Panorama beinahe zur Nebensache werden.

▶ **Baumwipfelpfad Bayerischer Wald, Böhmstraße 43, 94556 Neuschönau**
www.baumwipfelpfad.bayern
▶ **ÖPNV: Igelbus 603 und 602, Haltestelle Nationalparkzentrum Lusen, Neuschönau**

Die älteste Hütte Deutschlands

 Ein Blick in die Glasmanufaktur von Poschinger

Es herrscht geschäftiges, routiniertes Treiben in der monströsen Halle. Ein paar Handwerkskünstler tummeln sich in der Mitte um vier orangerot glühende Löcher. Hinter den Öffnungen wartet die 1200 Grad heiße Glasmasse darauf, in Form gebracht zu werden. Es ist eine Szene, die es ähnlich schon vor über 450 Jahren zu beobachten gegeben hat. So weit reicht die Tradition der Gutsherren von Poschinger zurück. Ihre Manufaktur in Frauenau ist die älteste Glashütte Deutschlands. Weltweit kann sie auf die längste Familientradition zurückblicken: 15 Generationen haben hier zerbrechliche Kunstwerke hergestellt. Und Besucher können fast täglich hinter die faszinierenden Kulissen der Herstellung blicken. Bei einer rund 20-minütigen Führung darf man den Mitarbeitern über die Schulter schauen. Mit geübtem Blick holen sich die Profis immer wieder neues Glas aus dem Hafen, wie das Innere des Ofens heißt, auf die Glasmacherpfeifen. Mit Hilfe ihrer Atemluft und gleichmäßiger Rotationsbewegungen entsteht aus dem zähflüssigen Werkstoff eine immer größer werdende Kugel. Wenn das passende Maß erreicht ist, wird die Masse mit voller Konzentration in eine hölzerne Form gegeben. Nach einer präzisen Prüfung landet das Glas schließlich im Kühlofen.

TIPP Einen kurzen Fußweg entfernt befindet sich Am Museumspark 1 ein sehenswertes Glasmuseum.

In Frauenau werden aber nicht nur Kelche, Sektflöten und Karaffen produziert. Hauptgeschäft der Manufaktur sind Sonder- und Spezialanfertigungen. Hierbei sind die Poschingers weltweit führend. Das kunstvolle Glas landet in Dubai, Moskau oder New York – auch dank der Zusammenarbeit mit namhaften Designern. Tische, Lampen, Pokale, Repliken und vielerlei Ungewöhnliches mehr entsteht dabei. Nahezu jeder Wunsch wird erfüllt. Und jedes Stück ist ein Unikat.

Wer eines dieser Unikate mit nach Hause nehmen will, wird im hauseigenen Manufakturladen fündig. Die Preise sind zugegebenermaßen nicht die niedrigsten. Dafür steckt hinter jedem Objekt traditionelle, ehrliche Handarbeit. Daraus getrunken macht das abendliche Glas Wein gleich ein bisschen glücklicher.

▶ **Freiherr von Poschinger Glasmanufaktur mit Manufakturladen, Moosauhütte 14, 94258 Frauenau, www.poschinger.de**

▶ **ÖPNV: Waldbahn-Linie 3, Haltestelle Bahnhof Frauenau, dann 10 Minuten Fußweg**

Überdimensionale Dreiräder

 Mit Bullcarts in Sankt Englmar den Berg hinab

Skipisten fristen im Sommer oft ein einsames Dasein. Wo im Winter hektischer Betrieb herrscht, bleiben die Menschen in der warmen Jahreszeit einfach aus. Lifte stehen still. Hütten sind verriegelt. Es ist der Fluch des Saisonbetriebs. Doch es gibt Ausnahmen von der Regel und eine ganz besonders außergewöhnliche Ausnahme finden Ausflügler in Sankt Englmar. Dort kann man sich mit Bullcarts den Hang hinunterstürzen. Diese Gefährte sind überdimensionale Dreiräder, die glücklich machende Adrenalinschübe ermöglichen.

Doch zunächst einmal muss der Berg erklommen werden, doch dafür läuft hier selbst im Sommer der Schlepplift. In diesen eingehakt geht's gemütlich und bequem im Bullcart sitzend hinauf zur Gipfelstation. Oben angekommen wird der Transporthaken gelöst und auf die saftig grüne Wiese abgebogen. 850 Meter Downhill-Spaß liegen nun vor einem. Spätestens jetzt werden die Füße auf den dafür vorgesehenen Abstellflächen geparkt. Der Helm nochmal auf optimalen Sitz überprüft. Die Bremsen gelöst. Und ab geht die Lutzie.

TIPP *Mehr spaßige Abfahrten gibt's beim benachbarten Rodel- und Freizeitparadies.*

Auf der Piste wechseln sich steilere und flachere Passagen ab, holprig wird's aber überall. Schließlich hält die breite Strecke ein paar Dellen bereit. Je nachdem, wie wild man zu Tal rauschen will, nimmt man diese mit oder umschifft sie gekonnt. Vorteil im Vergleich zum Winter: Es sind deutlich weniger Menschen unterwegs. Wer langsamer fährt, braucht also auch keine Angst zu haben, den Verkehr zu behindern. Es ist sowieso zu empfehlen, nicht jede Abfahrt mit Vollgas zu nehmen. Es sollte schließlich noch Zeit bleiben, das tolle Panorama zu genießen, vom Hang aus blickt man nämlich direkt auf das Bergmassiv des Pröllers.

Einsteigen darf man übrigens ab 14 Jahren beziehungsweise ab einer Körpergröße von 1,60 Metern. Für Erfrischungen zwischendurch hat das Salettl an der Talstation geöffnet. Hier kann man auch in der Sonne chillend den anderen bei der Abfahrt zuschauen. Aber Vorsicht: Das macht dann auf jeden Fall wieder Lust, nochmal selbst eine flotte Runde zu drehen.

▶ **Bullcart-Strecke an der Talstation der Skilifte Maibrunn, 94379 Sankt Englmar**
www.berghotel-maibrunn.de

Göttlicher Seeblick

 Die Rachelkapelle inmitten des Nationalparks

Wie schön es sein kann, das Pompöse gegen das Schlichte zu tauschen? Das Goldene gegen das Hölzerne? Das Monumentale gegen das Natürliche? All das kann man inmitten der Waldwildnis des Nationalparks Bayerischer Wald besonders an einem imposanten Felsvorsprung unterhalb des Rachelgipfels fühlen. Dort, auf 1212 Metern über dem Meeresspiegel, thront die einladende Rachelkapelle. Egal, ob religiös oder nicht, von der Aussicht ist jeder begeistert.

Sakrale Bauten fallen oft allein aufgrund ihrer schieren Größe auf. Das trifft auch auf das winzige Gotteshaus im Wald zu, allerdings am unteren Ende der Skala. Komfortabel kommen hier drin vielleicht ein halbes Dutzend Wanderer unter. Wer sich einmal hineingewagt hat, kann filigrane Schnitzereien bewundern, die gusseiserne Glocke in Augenschein nehmen oder als Höhepunkt die kleinen Fensterläden öffnen. Und sofort wird klar: An der Felskante geht es wirklich mächtig bergab.

Genau wegen dieser gefährlichen Lage gibt es die Kapelle überhaupt. So erzählt man sich, dass ein Forstbeamter Ende des 19. Jahrhunderts inmitten des Waldes mit seinem Pferd unterwegs war. Das Wetter muss so scheußlich gewesen sein, dass er die Hand vor Augen nicht gesehen hat. Als dann noch sein Pferd scheute, schien ihn das letzte Quäntchen Glück verlassen zu haben. Doch genau das Gegenteil war der Fall. Hätte das Tier nicht gestoppt, wäre es samt Reiter in die Tiefe gestürzt. Aus Dankbarkeit für die Rettung ließ er schließlich die Kapelle errichten. Sie liegt heute am Rundweg „Auerhuhn", der immer noch Trittsicherheit erfordert und vier bis fünf Stunden dauert.

TIPP In der Nähe befinden sich zwei bewirtschaftete Hütten: das Waldschmidthaus und die Racheldiensthütte.

Was der Gründervater des Kirchleins aufgrund der Sichtverhältnisse nicht wahrnahm, ist heute der Anziehungspunkt schlechthin. Man genießt einen fulminanten Blick auf den Rachelsee. Rund acht Fußballfelder groß ist das Relikt der vergangenen Eiszeit, welches Gletscher geschaffen haben. Glück für uns, dass wir diese Schönheit heute ganz ohne Eismassen bestaunen können.

◐ Rachelkapelle, 94568 St. Ostwald-Riedlhütte
◐ ÖPNV: Rachel-Bus Linie 601, Haltestelle Gfäll (Spiegelau) oder Racheldiensthütte (St. Ostwald-Riedlhütte)

Bayern trifft auf Thailand

 Weltoffen speisen in der Schnitzmühle

Auf dem Tisch steht ein gelbes Thai-Curry. Es kommt mit knackigem Gemüse, Bambus und gegrillter Entenbrust daher. Daneben hat sich ein bayerisch inspiriertes Gericht niedergelassen. Die hausgemachten Nudeln werden von Steinpilzen, Zucchini und Petersilienpesto umspielt. Dazwischen stehen noch zwei Gläser Holunder-Eistee – ebenfalls selbst gemacht. Und alles hat eins gemeinsam: Es ist unheimlich lecker. Die Gaumenfreuden werden im Restaurant des Adventure-Camps Schnitzmühle bei Viechtach kredenzt. Das Motto: Thai-Bay!

Schon in dritter Generation wird hier, direkt am Schwarzen Regen, Gastronomie betrieben. Was einst nur der Nebenerwerb zum Sägewerksbetrieb war, ist mittlerweile zum Herzstück einer Anlage für weltoffene Momente-Sammler geworden. Es gibt eine hippe Lodge, Tiny Houses, einen Zeltplatz, einen Badeweiher, ein heimeliges Spa, am Fluss liegende Kanus und vieles mehr. Es ist ein Ort, an dem jeder seine ganz individuelle Auszeit nehmen kann. Sogar all jene, die nicht hier übernachten. Schließlich steht das Restaurant jedem offen.

TIPP Wer sein Essen verdienen will, steigt in Gumpenried aus der Bahn und geht zu Fuß zur Schnitzmühle.

Für die Betreiber ist es ein großes Glück, einen Weg gefunden zu haben, ihr eigenes Ding durchzuziehen. Weltoffenheit spielt eine große Rolle. So kam auch das Thailändische zum Bayerischen. Eine ungewöhnliche Kombo, die doch gut harmoniert. Handwerk ist ein weiterer Eckpfeiler. In der Küche wird nahezu alles mit regionalen Zutaten selber gemacht – sogar der Ketchup fürs Kinderschnitzel. Den Bärlauch pflücken die Köche selbst, frieren ihn dann für den Rest des Jahres ein. Auch an der Bar hört diese Philosophie nicht auf: Limonaden und Eistees kommen aus eigener Herstellung. Und eine der Rezeptionistinnen braut nebenbei noch ein leckeres Hausbier.

Das i-Tüpfelchen ist schließlich die Atmosphäre im Lokal – im ganzen Camp. Es ist eine Mischung aus bayerischer Tradition, asiatischem Flair und modernen Noten. Es ist stimmig, aber nicht architektonisch durchgestylt. Es fühlt sich gewachsen an. Einfach echt.

◯ **Adventure Camp Schnitzmühle mit Thai-Bay-Restaurant, Schnitzmühle 1, 94234 Viechtach**
www.schnitzmuehle.de
◯ **ÖPNV: Waldbahn-Linie 4, Haltestelle Schnitzmühle**

Weiß-blaues Wohnzimmer

 Platz nehmen im Volksfestzelt in Grafenau

Was wäre Bayern ohne seine Volksfeste? Diese Frage möchte man sich fast gar nicht durch den Kopf gehen lassen. Denn eins ist klar: Was für den Kölner der Karneval, das ist für den Bayern das Volksfest! Gemeint sind damit keine touristischen Massenansammlungen mit Bierpreisen jenseits der Zehn-Euro-Marke. Nein, Münchner Oktoberfest, Straubinger Gäubodenfest und Co. haben sich von der einheimischen Bevölkerung längst entfernt. Gut, dass es auf dem Land noch genügend urtümliche, gemütliche und zünftige Volksfeste gibt, die wahrlich glückliche Stunden erlauben.

Dort steht dann in aller Regel nur ein relativ überschaubares Bierzelt. Ein paar Hundert oder gar Tausend Besucher haben freilich trotzdem Platz unter dem weiß-blauen Himmel. Serviert wird von den freundlichen Bedienungen meist nur Gerstensaft der lokalen Brauerei. Dazu gibt's Brezen, Käse, Hendl und weitere bayerische Leckereien. Und auf der Bühne spielt ab und zu eine echte Blaskapelle den „Alten Jäger" oder den „Böhmischen Traum". Bajuwarisches Idyll, wie es im Buche steht.

TIPP Für Autofahrer: Die alkoholfreie Radler-Maß schmeckt oft besser als das alkoholfreie Bier.

Das Lieblingsvolksfest der Waidler? Nun, das gibt es – objektiv betrachtet – wahrscheinlich nicht. Subjektiv gesehen wird jeder Einheimische die Frage wohl mit dem Fest beantworten, das in seinem Ort liegt. In der Heimat feiert sich's halt am besten. Zu den überregional bekanntesten Veranstaltungen zählt das Volksfest in Grafenau. Sechs Tage lang wird hier am Rande des Kurparks Party für Jung und Alt gemacht. Berüchtigt sind die Grafenauer vor allem für ihre außergewöhnlich gute Stimmung am Abend, und das sechs Tage lang ab dem ersten Freitag im Juli. Viel Renommee genießen in der Region zum Beispiel auch das Pichelsteinerfest in Regen oder das Pfingstfest in Eppenschlag.

Die Auswahl an Festen ist auf jeden Fall riesig: Zwischen Mai und September kann jedes Wochenende gefeiert werden. Doch in welches Zelt es einen letztendlich auch verschlägt: Wichtig ist nur, dass man sich auf die bayerische Lebensfreude einlässt. Oans, zwoa, gsuffa!

Volksfest Grafenau, Freyunger Straße 31, 94481 Grafenau
www.grafenau.de
ÖPNV: Waldbahn-Linie 3, Haltestelle Bahnhof Grafenau, dann 10 Minuten Fußweg

Wasser für die Seele

 Das Granitfelsenbad in der Sonnentherme Eging

Die Augen sind geschlossen. Der Körper wird von 35 Grad warmem Thermalwasser umspült. Und der Rücken darf sich sanft durchkneten lassen. Ein glücklich machendes Dutzend Massagedüsen ist der Garant für beste Auflockerung. In regelmäßigen Abständen signalisiert ein dezenter Gong, wann es an der Zeit ist, ein Stückchen weiter zu rutschen. Nach dem kurzen Hüpfer gegen den Uhrzeigersinn darf die nächste Rückenpartie den wohltuenden Wasserdruck genießen. Erleben kann man diese Auszeit im Granitfelsenbad der Sonnentherme in Eging am See.

Untergebracht ist das Becken in einem gläsernen Kubus, der bei Tag einen Blick auf den darunterliegenden See ermöglicht. Wenn die Sonne hinter dem Horizont verschwunden ist, wirkt die Umgebung nicht minder beruhigend – schließlich ist dann der klare Sternenhimmel zu bestaunen. Ein guter Platz dafür ist der zwischen den Düsen platzierte Whirlpool, in dem kann man das glitzernde Firmament auf sich wirken lassen. Das Becken ist aber nicht nur für Ruhesuchende ideal. All jene, die mehr über die Geologie der Region erfahren wollen, sind im warmen Nass ebenfalls gut aufgehoben. Direkt neben den Beckenbegrenzungen sind auf Augenhöhe viele Granitarten des Bayerischen Waldes aufgereiht – inklusive Infotafeln zu den edlen Gesteinen.

TIPP Wer richtig schwitzen will, kann gegen Aufpreis in die angeschlossene Granit-Saunalandschaft eintauchen.

Natürlich bietet die Therme aber noch mehr Möglichkeiten zum Abtauchen. Da ist etwa das große Bewegungsbecken, in dem man ein paar Bahnen drehen kann. Alternativ übernimmt eine Gegenstromanlage die Schwimmarbeit. Salzig wird's im Mediterraneum, einem Becken mit dreiprozentigem Salzgehalt. Auch hier warten viele Massagedüsen darauf, belebenden Druck auszuüben. Das rund 33 Grad warme Außenbecken ist mit seinen Massageliegen, Wasserstrahl- und Sprudelanlagen selbst im Winter gemütlich. Kinderbecken, Kneipp-Becken und Massagebrunnen runden das Angebot ab. Und wen Wasser auch in dampfender Form glücklich macht, der beendet den Thermenrundgang einfach in der 50 Grad heißen Dampfgrotte.

Sonnentherme, Mühlbergstraße 5, 94535 Eging am See, Tel. (0 85 44) 87 78
www.sonnentherme.de

Tiny House im Nirgendwo

 Eine Übernachtung in der Hyt bei Bernried

Wer wollte schon immer mal weit weg vom Schuss Urlaub machen? Dort, wo sich in der Dämmerung Fuchs und Hase „Gute Nacht" sagen? Dort, wo nichts ist als Natur? Dort, wo man völlig allein ist? Alle, die jetzt laut „ich" schreien, sollten sich die Hyt, gesprochen Hütt, in der Nähe von Bernried genauer anschauen. Das nur rund 15 Quadratmeter kleine, mobile Scheunenhäuschen ist der perfekte Ort für eine wohlige Auszeit. Hektik verfliegt hier im Nu. Lediglich eine Voraussetzung sollte man erfüllen: Man muss mit wenig glücklich sein können.

Das mit Holz verkleidete Ferienhäuschen wird vom Wildberghof Buchet betrieben. Je nach persönlichen Vorlieben der Gäste wird es mit Hilfe eines Traktors an verschiedenen Orten aufgestellt. Mitten auf einer Wiese, am Waldrand oder doch lieber in der Nähe des Wirtshauses. Der Kunde ist König. Hat man seinen Lieblingsplatz gewählt, geht's ans Einziehen. Im Inneren versprüht das durchweg in Weiß gehaltene Interieur eine schlichte Ruhe. Trotz der beschränkten Größe ist das Nötigste vorhanden: Sitzgelegenheiten und Tischchen, Toilette und Waschbecken sowie eine Mini-Küche nebst Kühlschränkchen. Das Highlight ist der schnuckelige Holzofen, auf dem sogar eine Herdplatte zum Kochen einlädt. Wer sich auf das Tiny House einlässt, fühlt sicher bald eine 360-Grad-Geborgenheit. Das haben sogar schon die Fachleute gewürdigt, die der Hyt 2018 den German Design Award verliehen haben.

TIPP *Im Hofmarkt des Berghofs gibt's leckere Wildspezialitäten aus eigener Herstellung.*

Bis zu fünf Schlafplätze warten übrigens darauf, bezogen zu werden. Die beiden Doppelstockbetten im hinteren Teil der Behausung können unten mit einem Lattenrost verbunden werden, sodass eine große Liegefläche entsteht. Wenn man als Pärchen kommt, hat man nächtens also richtig viel Platz. Da kommen einem die 15 Quadratmeter gleich viel größer vor. Erst recht, wenn man durch die Fenster blickt und es sich auf einmal so anfühlt, als würde man mitten in der Natur liegen. Und wem der Mondschein zu hell ist, der schließt einfach die Fensterläden.

Hyt/Wildberghof Buchet, Buchet 2, 94505 Bernried, Tel. (0 99 05) 2 48
www.wildberghof-buchet.de

Auf zum Turm am Berg

49 *Hinauf auf den Hirschenstein*

Bei gutem Wetter muss man einfach raus in die Natur. Wälder spüren! Weite erfahren! Zufrieden sein! Erleben kann man all dies nicht nur in den höchsten Lagen des Mittelgebirges – auch im Vorderen Bayerischen Wald verbergen sich ein paar eher unbekannte Glücksorte. Dreifache Bergfreuden bietet der 1095 Meter hohe Hirschenstein. Die sanfte, mit Gneisblöcken übersäte Erhebung gehört zu drei Gemeinden: Achslach, Schwarzach und Sankt Englmar. Passend zum kommunalen Dreigestirn sollten Wanderer auch am Gipfelplateau drei Plätze ausgiebig genießen. Zunächst einmal gilt es freilich, den höchsten Punkt anzusteuern. Der Gipfel liegt etwas unscheinbar zwischen hohen Bäumen versteckt. Bei genauem Hinschauen entdeckt man den monströsen Felsblock ohne Gipfelkreuz dann aber doch recht flott. Ein bisschen leichte Kraxelei und schon ist man oben. Tagesziel erreicht. Da die Steinformation nicht direkt an der Geländekante liegt, ist der Ausblick jedoch eingeschränkt. Gut, dass ein paar Meter davor schon in den 1920er-Jahren ein sieben Meter hoher Aussichtsturm errichtet wurde, der zweite Punkt, den man ansteuern sollte. Über eine verschlungene Wendeltreppe erreicht man die kleine Plattform und genießt einen fabelhaften Blick ins Donautal – bei klaren Bedingungen sogar bis in die Alpen.

Nach dem Sightseeing kommt schließlich die Stärkung an die Reihe. Alles, was der Rucksack so hergibt, kann jetzt ausgepackt werden. Dafür macht man es sich auf einer der Bänke, auf einem der liegenden Baumstämme oder auf einem von der Sonne erwärmten Felsen bequem. Die Pause im Sitzen hat man sich auch redlich verdient. Um den Berg zu erreichen, muss nämlich schon etwas an Strecke gemacht werden. Aufstiegsmöglichkeiten gibt es viele. Eine der schönsten Touren beginnt im kleinen Dorf Kalteck auf rund 750 Höhenmetern gelegen. Etwa sechs Kilometer muss man von hier der „Goldsteig"-Markierung folgen, um das Gipfelglück zu erleben. Für Hin- und Rückweg sollte man drei Stunden einplanen.

Hirschenstein, 94374 Schwarzach
Wanderparkplatz nahe dem alten Berghotel, Kalteck 9, 94250 Achslach, dann 6 Kilometer Fußweg

Käsespätzle auf hohem Niveau

 Einkehren im neuen Falkenstein Schutzhaus

Nach einer sportlichen Anstrengung darf man sich kräftig belohnen. Das ist ja wohl klar. Und was gibt es denn Besseres als eine leckere Hüttenbrotzeit? Am besten schmeckt die natürlich nach tollen Bergerlebnissen. Am Großen Falkenstein im Nationalpark Bayerischer Wald findet man diese Glücksmomente zuhauf. Einkehren kann man dabei nur ein paar wenige Höhenmeter unter dem 1315 Meter hohen Gipfel – im Falkensteinschutzhaus. Der 2019 fertiggestellte Neubau verbindet urige Atmosphäre mit moderner Funktionalität. Das Markenzeichen ist jedoch die bodenständige Wohlfühlküche, allein die Käsespätzle sind ein Gedicht. Eine Hütte gibt es auf dem markanten Berg schon seit den 1930er-Jahren. Nach einer Erweiterung 1975 bot der Bau Wanderern, Radfahrern, Skitouren- und Schneeschuhgehern lange eine behagliche Rast. Doch nach und nach war klar: Hier muss etwas getan werden. Der Bayerische Waldverein als Eigentümer entschied sich 2018 schließlich für einen Neubau, der in Rekordzeit über die Bühne gebracht wurde. Die Gaststube hat dabei aber nichts von ihrer Gemütlichkeit eingebüßt. Immer noch steht ein wärmender Kachelofen in der Mitte, die holzverkleideten Wände zieren alte Fotos, der Ausblick ins darunterliegende Tal ist und bleibt phänomenal. Dafür wurde extra eine große Panorama-Glasscheibe eingesetzt.

TIPP Wer nächtliche Einsamkeit am Berg erleben will, kann im Schutzhaus auch übernachten.

Um diese Oase mitten in der Wildnis am schnellsten zu erreichen, folgt man im kleinen Ort Zwieslerwaldhaus einfach dem Adamsteig. Dieser markierte Weg führt über den Kleinen Falkenstein in gut zwei Stunden zum Schutzhaus. Etwas Ausdauer muss man dafür allerdings schon mitbringen, schließlich gilt es, gut 600 Höhenmeter zu überwinden. Wer mehr Zeit hat, kann die Route über den Ruckowitzschachten, eine alte Hochweide, nehmen. Oder man wagt sich durchs Höllbachgespreng, die steile urwaldartige Falkenstein-Ostflanke. Egal, welche Aufstiegsvariante man wählt, am Ende bleibt nicht nur das Gipfelerlebnis, sondern auch beste bayerische Geborgenheit bei Speis und Trank.

▶ Falkensteinschutzhaus, 94227 Lindberg, Tel. (0 99 25) 90 33 66
www.1315m.de

Abenteuer wie bei Robin Hood

51 *Ziele anvisieren beim Bogenshop in Neudorf*

Die wichtigste Lektion: Man muss loslassen können! Doch ehe dieser erlösende Moment erlebbar wird, braucht's eine kräftige Portion inneres Gleichgewicht. Erstmal gilt es, einen stabilen Stand zu finden. Danach müssen Pfeil und Bogen in die richtige Position gebracht werden. Erst dann geht's ans eigentliche Anvisieren. Ganz behutsam wird der Bogen gespannt. Wenn sich die zielführende Hand langsam dem Gesicht nähert, wird der hölzerne Pfeil endlich entlassen. Für einen kleinen Moment ertönt ein filigranes, kraftvolles Zischen, ehe ein dumpfer Schlag den Treffer im Ziel akustisch bestätigt. Wenn diese Abläufe in Fleisch und Blut übergegangen sind, steht einem mittelalterlichen Abenteuer nichts mehr im Wege.

Bogenschießen ist schon einige Jahre lang keine Randerscheinung mehr in Deutschland. Seitdem der Sport an Beliebtheit zugenommen hat, sind Manuela und Helmut Binder mit im Boot. Das Paar aus dem Grafenauer Vorort Neudorf hat 2003 begonnen, sein Hobby zum Beruf zu machen. Einst gehörte ihnen eine kleine Metallbaufirma, nun nennen sie einen der größten Online-Shops im Bogensport-Segment ihr Eigen. Daneben betreiben sie auch einen klassischen Laden in ihrem alten Bauernhof. An beiden Stellen wird viel Wert auf Nachhaltigkeit gelegt. So produzieren Binders viel selbst – von Bögen über Pfeile bis hin zu Köchern und weiterem Lederzubehör. Statt industriell gefertigtem Einheitssportgerät und -zubehör steht Handarbeit aus Naturmaterialien im Vordergrund. Doch zum Glückskonzept der Binders gehört nicht nur ein ökologisches Warenangebot. Einen Namen haben sich die Bogenexperten zudem im Erlebnisbereich gemacht. Bei individuell gestalteten Kursen und Seminaren entführen Manuela und Helmut Neulinge in ihre Welt. Dafür gibt's eine Indoor-Schießanlage sowie eine Schießwiese. Alle, die den Dreh dann langsam raushaben, dürfen ihr Können auch im Wald unter Beweis stellen. Dort warten Tierattrappen darauf, aufs Korn genommen zu werden. Mit ein bisschen Übung fühlt man sich dabei wie Robin Hood, der durch den Sherwood Forest wandelte.

Bogenshop Binder, Neudorf 9, 94481 Grafenau
www.bogenshop-binder.de

Waldbaden pur

Zur Ruhe kommen auf dem Seelensteig

„Ich sehne mich nach einer wilden Natur, die mein Fuß nicht durchdringen kann, nach Wäldern, in denen die Walddrossel ihr ewiges Lied erklingen lässt, in denen jede Stunde ein früher Morgen ist und der Tag auf immer unberührt." Dieser verträumte Wunsch stammt vom berühmten amerikanischen Schriftsteller Henry David Thoreau (1817–1862). Wildnis wie darin beschrieben gibt es im stark bevölkerten Mitteleuropa nur noch an wenigen Stellen. Auf dem Seelensteig, mitten im Nationalpark Bayerischer Wald, würde Thoreau aber auch heute noch fündig werden. Der etwas über einen Kilometer lange Erlebnisweg ist aber nicht nur ein Glücksort für Philosophen und solche, die es noch werden wollen, sondern auch für alle, die einfach mal ein Bad im Wald nehmen wollen.

Auf hölzernen Planken werden Wanderer durch die Natur gelenkt. Es geht vorbei an einem kristallklaren Bergbach, an mächtigen Tannen, an abgebrochenen Fichten und jungen Buchen. Der Untergrund ist bedeckt von Sträuchern, Moosen und Blütenpflanzen. Überall wachsen Pilze – an Stämmen, Wurzeltellern und natürlich am Boden. In einigen Bereichen wächst die Flora so emsig an beiden Seiten des Pfads, dass man zarte Äste und saftige Blätter im Gesicht zu spüren bekommt. Es ist ein ganz besonderer Bergmischwald. Ein Wald, der sich selbst überlassen wird, in den der Mensch nicht mehr eingreift. Ein Wald, der sich nach einem Sturm 1983 erneuert. Der dadurch von Jahr zu Jahr wilder wird. Ein Wald ganz im Sinne Thoreaus. Ohne den bestens gepflegten Seelensteig könnte man dieses Naturjuwel nicht erleben.

TIPP *Vor der Rückfahrt mit dem Bus kann man seine Füße noch in der nahegelegenen Natur-Kneippanlage abkühlen.*

Speziell ist hier auch die Verbindung zur Philosophie. Immer wieder stehen schmucke Holztäfelchen mit Sprüchen, Zitaten und Gedichten am Wegesrand. Sie regen zum Nachdenken an, zum Verweilen. Je mehr man liest, je mehr wird man den natürlichen Wald um sich herum wertschätzen. Er ist nicht nur perfekte Kulisse für die Literatur, sondern ein glücklich machender Sehnsuchtsort.

● Seelensteig, bei 94518 Spiegelau
www.nationalpark-bayerischer-wald.de
● ÖPNV: Zufahrt vom 15. Mai bis 31. Oktober nur mit dem Rachel-Bus Linie 601, Haltestelle Seelensteig

Glück auf!

 Eine Führung im Bodenmaiser Silberbergwerk

Beim Durchschreiten der Eingangstür wird's sofort kühl und feucht. Die Luft ist rein. Dazu flackert warmes Licht durch die von Menschenhand geschaffenen Gänge. Es ist eine geschichtliche Rückblende auf eine Tradition, die Laien im Bayerwald ganz und gar nicht erwarten: Die Rede ist vom Bergbau. In Bodenmais wurde unter dem Gipfel des Silberbergs unter anderem nach Silber geschürft. Über die Jahrhunderte ist ein kilometerlanges, verzweigtes System aus unterirdischen Pfaden entstanden. Einen Teil davon kann man bei einer Führung unter die Lupe nehmen. Ausgestattet mit blauem Kittel und gelbem Helm geht's hinein in den Barbarastollen. Satte 600 Meter führt der schnurgerade ins Innere des Berges. Auf der Strecke kommen Besucher an vielen alten Utensilien und Maschinen vorbei. Ein Teil davon ist noch immer betriebsbereit. So bekommt man einen Eindruck davon, wie erfinderisch die Menschen einst waren, um die wertvollen Materialien ans Tageslicht zu befördern. Harte Arbeit galt es trotzdem zu verrichten. Erstmals wurde das Bergwerk 1463 urkundlich erwähnt. Die Blütezeit erlebte es aber Ende des 19. und Anfang des 20. Jahrhunderts. Damals schufteten bis zu 200 Männer unter Tage. Silber war schon lange nicht mehr die ersehnte Hauptbeute, sondern Polierrot, das zum Schleifen von Gläsern verwendet wurde.

TIPP *Das Gipfelkreuz auf einer imposanten Steinformation liegt nur etwa 15 Gehminuten vom Bergwerk entfernt.*

In den 1960er-Jahren wurde das Bergwerk schließlich stillgelegt, es war nicht mehr konkurrenzfähig. Die Anlagen wurden trotzdem nicht dem Verfall preisgegeben. Ein Glück für heutige Besucher. Denn vor allem am Endes des Barbarastollens wartet ein echter Höhepunkt: Der Große Barbaraverhau ist eine monumentale, in den Fels getriebene Höhle. Über hölzerne Treppen kann man alle Ecken aus nächster Nähe betrachten – und erblickt dabei vielleicht sogar eine der Fledermäuse, die gern im Inneren des Bergs kopfüber ein Nickerchen machen.

Silberbergwerk, Barbarastraße 1, 94249 Bodenmais
www.silberberg-online.de

Laufsteg in die Landschaft

 Der Skywalk zwischen Arrach und Arnbruck

Es muss nicht immer pompös sein. Manchmal ist das Einfache viel spektakulärer. Man muss es nur wertschätzen. Wer das verinnerlicht hat, wird auf dem Skywalk zwischen Arrach und Arnbruck sicher glücklich. Und dafür braucht es gar nicht viel Drumherum. Hier ist ein schlichter Laufsteg in den Bayerwald entstanden. Es sind nur ein paar Holzbretter, ein Geländer und eine Panorama-Karte – aber trotzdem kann man sich richtig in der Landschaft verlieren.

Gut 30 Meter schwebt man am vordersten Punkt der Plattform über dem Waldboden. Rechts und links neigen sich die Bäume sanft im Wind. Im Hintergrund liegt ein alter Steinbruch am Hang. Und vorn schaut man in besiedelte Täler, auf breite Hochebenen und bewaldete Hügel. Man hat sowohl Teile Niederbayerns als auch der Oberpfalz im Blick. Der Skywalk liegt nämlich ziemlich genau auf der Grenze der beiden Regierungsbezirke. Wenn es das Wetter gut mit einem meint, reicht der Blick aber noch viel weiter.

An klaren Tagen blinzeln zwischen den Mittelgebirgserhebungen noch majestätischere Berge hervor. Die rund 180 Kilometer Luftlinie entfernten Könige des Nationalparks Berchtesgaden, Watzmann und Hochkalter, geben Besuchern dann die Ehre. Recht viel mehr sieht man aber nicht von den Alpen. Der Bayerwald versperrt den Blick in die Ferne nahezu auf ganzer Linie. Nur in einem ganz kleinen Sektor lässt ein Taleinschnitt eine Sichtachse zu – ein Glücksfall für den Skywalker. Der Aussichtssteg eignet sich aufgrund seiner schnellen Erreichbarkeit auf einem breiten, flachen Forstweg für jedermann, selbst mit Kinderwagen ist der kurze Anmarsch leicht machbar. Und noch einen Vorteil hat das Plätzchen auf rund 820 Höhenmetern: Wer den ganzen Tag schon unterwegs war, am Abend aber trotzdem nicht auf einen tollen Spot für den Sonnenuntergang verzichten will, ist hier genau richtig aufgehoben. Die wenigen Minuten zum Skywalk schafft man schließlich auch dann noch, wenn man sich zuvor schon richtig ausgepowert hat.

TIPP Wer im Winter kommt, kann am Eck gleich noch in die Skischuhe schlüpfen und ein paar Abfahrten genießen.

Skywalk, 93474 Arrach, www.arrach.de

Knorrige Bäume

 Alte Schattenspender am Almschachten

Haben Bäume eine Seele? Einen Charakter? Ein Erinnerungsvermögen? Man möchte es fast glauben, wenn man auf dem Almschachten im Nationalpark Bayerischer Wald steht. Hier, mehr als 1100 Meter über dem Meeresspiegel, leben ein paar unverwechselbare Baumsenioren. Knorrige Buchen und Bergahorne. Monumente der Natur. Bäume, wie man sie in normalen Wäldern schon lange nicht mehr findet. Andernorts wären sie längst gefällt worden. Entsprechen sie doch so gar nicht dem Idealbild des aufgeräumten deutschen Waldes.

In den rauen Bayerwald-Hochlagen sind die Bäume über Hunderte Jahre so gewachsen, wie es die äußeren Umstände zuließen. Äste ragen von überall in alle Himmelsrichtungen. Teils sind die Quertriebe genauso mächtig wie der Stamm. Die Zeit ließ Verwucherungen entstehen und sattgrünes Moos an den Rinden wachsen. An anderen Stellen legen hohle Bereiche tiefe Blicke ins Innere der Bäume frei. Kurzum: Jeder Märchenfilmer wäre froh um solche Drehorte.

Dabei reicht der Ursprung der Giganten auf arbeitsreiche Tage zurück. Die Bayerwald-Schachten wurden einst gerodet, um im Sommer Rinder aufzutreiben und auf der Weide sowie im Wald grasen zu lassen. Nur ein paar Bäume ließ man stehen, um den Hirten und den Tieren Schatten zu spenden. Auf dem Almschachten wurde zeitweise sogar Milchvieh gehalten, Butter und Käse hergestellt. Erst 1963 ging diese Tradition zu Ende, weil es nicht mehr wirtschaftlich war.

> **TIPP** Geführte Mehrtageswanderungen in der Waldeinsamkeit bietet der Verein Waldzeit an.

Die Schachten liegen weit entfernt von den im Tal gelegenen Ortschaften, abseits jeden Trubels. Wer hierher entflieht, kann den ganzen Tag lang nur einer Handvoll Leuten begegnen – oder gar niemandem. Die Runde über die Schachten und Filze, so werden Moore in der Region genannt, ist schließlich eine fordernde Tagestour. Etwas über 20 Kilometer ist man unterwegs. Neben dem Almschachten warten dabei noch viele weitere glückbringende Naturmomente.

▶ **Almschachten, 94258 Frauenau**
www.nationalpark-bayerischer-wald.de, www.waldzeit.de
▶ **Ausgangspunkt: Wanderparkplatz an der Trinkwassertalsperre Frauenau**

Baden in Yin und Yang

 Der Feng Shui Kurpark in Lalling

Sich treiben lassen. Das kühle Nass von Kopf bis Fuß fühlen. Das innere Gleichgewicht finden. Ein Ort, wo all das prima funktioniert, ist der Feng Shui Kurpark in Lalling. Angelehnt an Jahrtausende alte chinesische Traditionen bildet die sechs Hektar große Anlage einen Ruhepol zur Entspannung. Hier kann man die Seele richtig baumeln lassen. Die Erfrischung gibt's obendrein kostenlos dazu.

Herzstück des schmucken Parks ist ein liebevoll gestalteter Naturbadesee. Gleich zwei hölzerne Stege erleichtern den Sprung ins Wasser – der Yin- und der Yang-Steg. Betrachtet man die beiden geschwungenen Plattformen von oben, wird mit etwas Fantasie schnell klar, dass sie zusammengesetzt das bekannte Yin-Yang-Symbol darstellen, das für das harmonische Miteinander der Elemente steht. Wo der Ausgleich gelingt, fließt das Qi – die Lebensenergie. Ob man nun daran glaubt oder nicht, Energie tanken funktioniert an diesem Glücksort zweifelsohne.

Anders als an anderen Badestellen darf hier die Natur noch mitmischen. Einige Uferbereiche sind für teils farbenfrohe Gewächse reserviert. So lassen sich in und am Wasser etwa gelbe Sumpfdotterblumen, purpurner Blutweiderich oder weiße Seerosen bestaunen und auch Rohrkolben wachsen in Hülle und Fülle. Der Kurpark bietet zudem all jenen besinnliche Kraftoasen, die nicht so gern in die Badesachen schlüpfen. Ein Trio kurzer Lehrpfade kombiniert neues und altes Wissen. Auf dem Chakraweg kann man den Energiefluss im eigenen Körper nachspüren. Der Organweg versucht eine Verbindung zwischen seelischer Verfassung und Krankheiten zu finden. Auf dem Störzonenlehrpfad treffen zwei Welten aufeinander: asiatisches Feng Shui und das bayerische Rutengehen.

Bei all diesen inspirierenden Angeboten wird Glücksuchenden auf jeden Fall nicht langweilig. Zeit sollte man sich also nehmen, wenn man dem Kurpark einen Besuch abstattet. Schließlich soll genügend Raum dafür bleiben, einfach mal die Eindrücke auf sich wirken zu lassen.

TIPP Direkt am See gibt's im Biergarten schmackhafte Snacks und kühle Getränke.

Feng Shui Kurpark, Am Kurpark 1, 94551 Lalling
www.lallingerwinkel.de

Tierisch kalter Spitzensport

 Schlittenhunderennen in Haidmühle

Mach die Augen zu! Horche in die winterliche Landschaft! Genieße die Stille – und erwarte das Unerwartete! Aus der Ferne wird's plötzlich laut. Kufengeräusche und Gebell nähern sich. Ein Schlittenhundegespann taucht auf. In einem Affenzahn treibt der Musher seine tierischen Gefährten an. So schnell, wie der Sportler aufgetaucht ist, so schnell verschwindet er wieder hinter der nächsten Kurve. Und die Stille kehrt zurück in den verschneiten Bayerwald.

Es ist eine Szene, die in der Vorstellung meist in Skandinavien oder Kanada angesiedelt wird. Doch auch die kleine Gemeinde Haidmühle bietet ideale Voraussetzungen für solch abenteuerliche Spektakel. In der Szene hat sich der hoch gelegene Ort direkt an der tschechischen Grenze einen guten Ruf erarbeitet. Jedes Jahr findet eine große mehrtägige Rennveranstaltung statt, sogar Welt- und Europameisterschaften gab's hier schon. Gerade am Start wirkt der ungewöhnliche Sport besonders dynamisch. Dort können es die Hunde gar nicht mehr erwarten, auf die Strecke zu dürfen. Nur mit Mühe bändigen Helfer die herumspringenden Kraftpakete. Mit glitzernden Augen, energiegeladener Vorfreude und nahezu flehendem Geräuschpegel drängen die Huskys darauf, sich auspowern zu können. Wenn der Rennleiter endlich die Starterlaubnis gibt, dauert es nur Sekundenbruchteile, bis die Gespanne atemberaubende Geschwindigkeiten erreichen. Kurz darauf verschwinden sie auf der weitläufigen Strecke.

TIPP *Selbst auf den Schlitten steigen kann man beim Huskyhof Dreisessel.*

Neben den jährlichen Rennen ist Haidmühle auch im restlichen Winter fest in der Hand der Musher. Schließlich haben die Verantwortlichen der Wintersportgemeinde im Jahr 2000 den ersten europäischen Trainingstrail exklusiv für Schlittenhunde eröffnet. Seitdem wurde die Anlage kontinuierlich erweitert. So lohnt für Interessierte auch zwischen Mitte Dezember und Mitte März eine Stippvisite. Wer einmal in die glücklichen Gesichter von Fahrer und Huskys nach einem anstrengenden Trainingslauf geblickt hat, wird selbst für immer eine glückliche Erinnerung daran im Herzen tragen.

> Schlittenhunderennen, Sportplatz (Start-/Zielbereich und Fahrerlager),
> Ludwigsreut 29, 94145 Haidmühle
> www.sc-haidmuehle.de, www.huskyhof-dreisessel.de

Reise in die Erdgeschichte

58 *Eintauchen in die Hauzenberger Steinwelten*

Die Menschheitsgeschichte ist nur ein Wimpernschlag in der Erdgeschichte. Wenige Minuten kommen einem zwar oft wie endlose Stunden vor, dabei ist unser aller Existenz wie ein einzelnes Sandkorn, das auf den meterhohen Sandhaufen fällt. Das wird zumindest Besuchern der Hauzenberger Steinwelten klar. Vor allem die multimediale Zeitreise durch die Historie unseres Planeten ist einen Besuch wert.

Eigentlich hat sich das moderne Museum ganz und gar dem Granit verschrieben. Dem Gestein, das so prägend für den Bayerischen Wald ist. Doch um zu erklären, wie der Granit hierherkam, muss ganz weit in die Vergangenheit geblickt werden. Ganz anschaulich und spannend gelingt das bei einer farbenfrohen Inszenierung in sechs Akten. Im dunklen Vorführsaal der Steinwelten heben sich auf einer Leinwand aus Granit Gebirge aus der Tiefe, Ozeane verändern sich rasend schnell und am Ende erobern erste Lebewesen, später sogar Dinosaurier, das Festland. Ganz zum Schluss betreten schließlich Menschen die Bühne. Hier ist es dann umgekehrt: Entwicklungen von Milliarden Jahren werden in wenige Minuten gepackt. Am Ende weiß der Zuschauer dann auch, dass der Granit nicht von heute auf morgen in den Bayerwald kam.

Umso schneller aber machte sich die Bevölkerung das harte Gestein seit dem Mittelalter untertan. Dieser aufstrebenden Industrie widmet sich der Hauptteil der Ausstellung. Bevor prunkvolle Kirchen und stattliche Bauernhöfe entstehen konnten, galt es, einige Anstrengungen auf sich zu nehmen. Im Außenbereich des Museums ist ein kleiner Steinbruch nachgebaut. Während man durch das Areal schlendert, fangen Zeitzeugen dank Bewegungsmeldern immer wieder wie aus dem Nichts an, von der harten Arbeit zu erzählen. So gab es nicht selten tödliche Unfälle, denn Bemühungen für bessere Arbeitsbedingungen wurden lange von Seiten der Unternehmer zurückgewiesen. Nichtsdestotrotz waren viele Waidler stolz darauf, im Bruch einer ehrlichen Beschäftigung nachzugehen. Es war das Glück der Tüchtigen.

▸ **Steinwelten im Granitzentrum Bayerischer Wald, Passauer Straße 11, 94051 Hauzenberg**
www.granitzentrum.de

Leichter Gipfelsturm

 Auf den Pröller wandern

Erhaben schimmert das meterhohe, hölzerne Kreuz vor dem blauen Himmel. Ist man erst einmal hier angekommen, weiß man: Höher hinauf geht es jetzt nicht mehr, der anstrengende Teil des Tages ist vorbei. Eine Bergauf-Passage kann aber selbst in einem Mittelgebirge wie dem Bayerwald ein paar Stunden in Anspruch nehmen. Für all jene Naturfans, die nicht ganz so lang unterwegs sein wollen, bietet die Region zahlreiche Alternativen mit Anstiegen in Sprint-Distanzen. Zu diesen einfach erreichbaren Berggipfeln zählt der 1049 Meter hohe Pröller. Hier wird einem das Gipfelglück leichtgemacht.

Über breite Wald- und Forstwege erreicht man der Markierung „Goldsteig" (www.goldsteig-wandern.de) folgend das Hochplateau in unter einer Stunde zu Fuß. Dabei gilt es, vom Wanderparkplatz im Sankt Englmarer Ortsteil Predigtstuhl aus nur etwa 200 Höhenmeter zu überwinden. Das schaffen selbst Grundschulkinder ohne größere Probleme. Auf der Strecke sollte man immer einen Blick auf die Bäume und die Felsen am Wegesrand werfen. Vielerorts hängen kleine Tafeln mit alten Weisheiten und Sprüchen im Wald. So lernt man zum Beispiel: „Feldspat, Quarz und Glimmer, die drei vergess' ich nimmer, die drei vergess' ich nicht, denn sie ergeben den Granit." Den Gipfel erreicht man also vielleicht sogar mit ein bisschen mehr Wissen im Gepäck.

TIPP Fans von Fernwanderungen können auf dem Goldsteig tagelang in die Natur eintauchen.

„Ruhe bitte" heißt es am Ziel. Wenn der Puls fällt, der Atem langsamer wird und ein gemütlicher Sitzplatz gefunden ist, stellt sich das Gipfelglück erst richtig ein. Am besten, man lässt sich auf den alten Baumstämmen nieder, die etwas abseits liegen. Hier kann man zufrieden den Blick gen Norden genießen. „Dös is dö Ossa-Bäng" oder „Dös is dö Arba-Bäng" steht auf den natürlichen Sitzmöbeln geschrieben. So ist gleich klar, welche Berge sich vor einem auftürmen. Neben dem Osser und dem Arber sieht man zum Beispiel noch den Mühlriegel, den Falkenstein und den Rachel. Ein solcher Panoramablick spendet gleich wieder Energie und Kraft.

▶ Pröller, 94379 Sankt Englmar
www.urlaubsregion-sankt-englmar.de

Auszeit im Speisewaggon

 In Miltach wurde der Bahnhof zum Café Waffel

Erwarte das Ungewöhnliche! Nicht immer steckt hinter der äußeren Fassade das, was das Erscheinungsbild auf den ersten Blick suggeriert. So auch am alten Miltacher Bahnhof. Dort steht etwas abseits der Gleise ein blitzeblank herausgeputzter Eisenbahnwaggon. Die Seitenwände glänzen tiefrot, das Dach schimmert weiß gen Himmel, nur die Umrahmungen der Fenster kommen in dezentem Grau daher. Er ist zu gut in Schuss, um ausrangiert auf dem Abstellgleis zu landen. Tatsächlich kann man sich darin gastronomisch verführen lassen – im Café Waffel.

Im Waggon herrscht eine wohlige Atmosphäre. Alles ist mit Holz vertäfelt. Auch Sitzbänke und Tische sind hölzern – ganz im Stil alter Speisewagen. Nur das Rattern auf den Gleisen fehlt. Dafür wird der längliche Raum mit moderner LED-Technik in dezenten Farben beleuchtet. Es ist ein Ort, der direkt zu einer Auszeit einlädt. Natürlich sind vor allem die Kuchen ein Gedicht. Anders als der Name vermuten lässt, wird man hier aber ganztags verköstigt – vom Frühstück über herzhafte Mittagessen bis zu abendlichen Brotzeiten. Bei gutem Wetter lockt neben dem Waggon eine große Terrasse. Und wenn im stehenden Zug mal kein Platz mehr ist, kann man sich immer noch ins alte Bahnhofsgebäude setzen, das ebenfalls zum Café gehört.

Dass sich der Ort heute wieder so großer Beliebtheit erfreut, war lange Zeit nicht abzusehen. Schon 1993 wurde hier die letzte Fahrkarte von einem Bahnmitarbeiter verkauft. Danach lag das Anwesen brach. Es sollte 21 Jahre dauern, bis neues Leben einzog. Die benachbarte Otto Beier Waffelfabrik nahm die Komplettsanierung in die Hand. In diesem Zug landete auch der alte Waggon an seinem jetzigen Platz.

Der neue Eigentümer hat aber nicht nur ein gemütliches Café, sondern auch einen kleinen Werksverkauf eingerichtet. Dort kann man sich für den Nachhauseweg noch mit süßen Leckereien versorgen von Schaumwaffeln über Cerealienriegel und Fruchtschnitten bis hin zu Cremewaffeln. Da findet jedes Leckermäulchen eine süße Portion Glück.

Café Waffel, Bahnhofstraße 20, 93468 Miltach, Tel. (0 99 44) 3 41 41 18
www.waffelbahnhof.de

ÖPNV: Oberpfalzbahn Linie 4, Haltestelle Miltach, www.oberpfalzbahn.de

Das verlassene Dorf

 Die Überreste von Leopoldsreut am Haidel

Einsamkeit trifft auf Abgeschiedenheit. Und doch – oder gerade deswegen – strahlt dieses Fleckchen Erde eine mystische Anziehungskraft aus. Es ist wie eine Reise in die Vergangenheit. In eine Zeit, in der das Leben überall im Bayerischen Wald hart und rau war. Doch hier in Leopoldsreut, auf über 1100 Höhenmetern, war es besonders herausfordernd. Nach knapp 350 Jahren Dorfgeschichte zogen sich die letzten Siedler in den 1960er-Jahren schließlich zurück. Häuser wurden abgerissen, Felder aufgeforstet. Stehengeblieben ist nur die Kirche und das einstige Schulhaus. Drumherum wächst dichter Bergwald – durchzogen von einigen Wanderwegen.

„Ein Dreivierteljahr Winter und ein Vierteljahr kalt." Diesen Spruch mussten sich die Leopoldsreuter einst oft anhören. Und das nicht zu Unrecht: Schneemassen sorgten Jahr für Jahr dafür, dass der Ort wochenlang von der Außenwelt abgeschnitten war – heutzutage kaum vorstellbar. In der gut erhaltenen Sankt Johannes Nepomuk Kirche zeugen historische Fotos vom Kampf gegen die eisigen Naturgewalten. Es war nicht zuletzt dieser Umstand, der dafür sorgte, dass die Siedlung auf Dauer keine Zukunft hatte.

TIPP Von Leopoldsreut aus sind es nur noch knapp zwei Kilometer bis zum Aussichtsturm am Haidel-Gipfel.

Den Namen verdankt Leopoldsreut seinem Gründer, Fürstbischof Leopold I. von Passau. Der ließ das Dorf 1618 zur Sicherung der Grenze errichten. Später war es Mautstation am Handelsweg Goldener Steig. Doch schon Ende des 19. Jahrhunderts wanderten immer mehr Familien ab, andernorts schien das Leben einfacher als bei der höchstgelegenen Kirche im Bistum Passau und der damals höchstgelegenen Schule Deutschlands.

Die beiden einst zentralen Gebäude wurden glücklicherweise nicht dem Verfall preisgegeben. Dank ständiger Sanierungsarbeiten erstrahlen Schul- und Gotteshaus heute noch in altem Glanz. Wer hierher gut eineinhalb Stunden gewandert ist, lässt sich zufrieden auf eine der Bänke sinken, packt die Brotzeit aus und genießt den Zauber vergangener Zeiten. Es ist wie das Nachhausekommen ins Herz der Bayerwaldnatur.

○ Kirche und Schulhaus Leopoldsreut, 94145 Haidmühle
○ Ausgangspunkt: Wanderparkplatz Leopoldsreuter Straße, 94145 Bischofsreut

Küss mich!

 Das Glasdorf Weinfurtner in Arnbruck

Wer wartet hier auf die neugierige Prinzessin? Es ist gleich eine ganze Horde gläserner Frösche, die sich um einen kleinen Teich herum aufgereiht hat. Goldenes Krönchen, verschmitztes Lächeln und weit aufgerissene Augen sind deren Markenzeichen. Auf den ersten Blick wirken sie völlig identisch. Aber wer sich Zeit nimmt und genauer hinschaut, wird bemerken, dass jedes der Tierchen dann doch individuelle Merkmale hat. Alle sind Unikate – handgemacht im Glasdorf Weinfurtner in Arnbruck. Sie präsentieren sich im grünen Herzen der Anlage, dem Skulpturenpark. Hier kommen Gäste aus dem Staunen gar nicht mehr heraus.

An jeder Ecke warten neue Kunstwerke darauf, entdeckt zu werden. Da ist der Schwarm freundlicher Bienen im XXL-Format, die über echten Blumen schweben. Dazu passend gibt's filigran gefertigte Glaspflanzen in allen erdenkbaren Farben. Die teils mannshohen Installationen glitzern in der Sonne. Die wärmenden Strahlen tauchen den Garten in eine beruhigende, glücklich machende Lichtstimmung. Das muss man einfach genießen.

Wer aus dieser Umgebung gar nicht mehr weg möchte, kann sich in den gläsernen Boutiquen nebenan sein Lieblingsstück suchen und mit nach Hause nehmen. Im eigenen Garten ist doch sicher noch ein Plätzchen frei für Handwerkskunst aus dem Bayerwald! Dafür steht das Glasdorf mit seinen knapp 200 Mitarbeitern schließlich. Immer noch als Familienbetrieb geführt, hat sich der Name Weinfurtner in der Region in den vergangenen Jahrzehnten zu einer Qualitätsmarke entwickelt. Es gibt wohl nicht viele Dinge, die man aus Glas herstellen kann und nicht in einem der Läden findet.

Neben dem Einkaufserlebnis selbst kann im Glasdorf auch zugeschaut werden, wie die Schleifer, Graveure oder Bläser arbeiten. Ein Blick in die Manufakturen ist jederzeit möglich. Darüber hinaus gibt es spezielle Vorführungen. Wer einmal gesehen hat, wie viele Arbeitsschritte zum Beispiel hinter einem gläsernen Frosch stecken, wird das fertige Produkt gleich viel mehr zu schätzen wissen.

○ **Glasdorf Weinfurtner, Zellertalstraße 13, 93471 Arnbruck**
www.weinfurtner.de

Tierischer Spaziergang

63 *Wandern mit Alpakas und Lamas bei Rinchnach*

Lass dich führen! Lerne, anderen das Tempo zu überlassen! Gib die Kontrolle ab! Wer sich die drei Tipps zu Herzen nimmt, wird in vielen Bereichen des Lebens glücklicher. Diese Ratschläge sind außerdem essentiell wichtig für eine tierische Wanderung durch den Bayerischen Wald. Auf dem LaPakAktiv-Hof von Silke und Tom Ganserer bei Rinchnach warten vierbeinige Wegbegleiter darauf, ausgeführt zu werden. Lamas und Alpakas sind hier zwar nicht von Natur aus daheim, fühlen sich aber trotzdem pudelwohl.

Damit sich die Gäste der geführten Touren genauso wohl fühlen, gibt's am Anfang immer ein kleines Kennenlernen. Jeder Teilnehmer bekommt einen Begleiter an die Seite gestellt. Beim Abbürsten des Fells wird schnell klar, dass verschiedene Charaktere aufeinandertreffen. Von stoisch gelassen über aufgeregt ertragend bis hin zu leicht bockig sind alle Stimmungslagen vertreten. Tiere sind eben auch nur Menschen. Ein weiterer Beleg dafür: Beim Belohnungs-Leckerli ist alles wieder gut.

Ist man erstmal unterwegs, spielt sich das jeweilige Tandem schnell ein. Vor allem dann, wenn die Zweibeiner akzeptieren, wer hier das Sagen hat. Lamas und Alpakas haben schließlich ihren eigenen Sturschädel. Da hilft es auch nicht, dass sie an der Leine gehalten werden. Wann stehengeblieben wird, wie flott es durch die Wälder geht oder ob ein kurzer Zwischenspurt gemacht wird: All das entscheiden die kuscheligen Südamerikaner mit den Spitzohren. Vor allem bergab sollte man etwas mehr achtgeben: Hier kann es passieren, dass die Vierbeiner plötzlich Gas geben. In aller Regel legen die Tiere aber eine große Prise Gemütlichkeit an den Tag. So wird der Ausflug schnell zum Entspannungstrip.

Abgerundet wird das Erlebnis von einer zünftigen Brotzeit. Die richten die Gastgeber bei gutem Wetter schon während der Wanderung im Freien an. Bei Kälte oder Schmuddelwetter wird die Stärkung auf das Ende der Tour verschoben – in eine schmucke Blockhütte direkt am Hof.

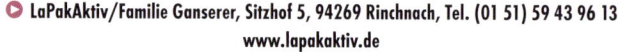

LaPakAktiv/Familie Ganserer, Sitzhof 5, 94269 Rinchnach, Tel. (01 51) 59 43 96 13
www.lapakaktiv.de

Über der Schwarzen Perle

 Die Ilzbrücke an der Burgruine Dießenstein

Es ist ein kräftiges Rauschen. Ungezähmt. Rau. Kraftvoll. Und die Natur ist der Dirigent. Große Felsbrocken und herumtreibendes Gehölz verändern die Melodie des Wassers im beständigen Wechsel. Zwitschernde Vögel sorgen für den einen oder anderen Zwischenton. Es ist eine Oase abseits menschlichen Treibens – fernab großer Siedlungen. Hier darf die „Schwarze Perle" noch ungestört fließen. Diesen Beinamen trägt die Ilz, einer der letzten großteils unverbauten Ströme in Bayern. Am kleinen Brücklein nahe der Burgruine Dießenstein kann man dem Wildwasser auf den Kopf schauen und in Glücksmomenten schwelgen.

Die meisten der Quellbäche des dunklen Flusses entspringen inmitten der Hochlagen des Nationalparks Bayerischer Wald. Viele Höhenmeter weiter unten, am Fuße von Eberhardsreuth bei Schönberg, vereinigen sich die Große, Kleine und Mitterancher Ohe zur Ilz. Im Laufe von Jahrtausenden hat das kühle Nass fortan eine enge Schneise in die Bayerwald-Landschaft geschlagen. Entlang des tief eingeschnittenen Tals gibt es nur wenige Häuser, wenige Brücken und noch weniger Handyempfang.

TIPP *Der Wanderweg entlang der Ilz eignet sich auch prima für Mehrtagestouren.*

Etwa 40 Flusskilometer, nachdem sich die Ilz aus ihrem Quelltrio gründet, mündet sie schließlich in der Dreiflüssestadt Passau in die Donau, die wenige Meter später auch den Inn in sich aufnimmt.

Zwischen Start- und Endpunkt der Ilz gibt's zwar für Wanderer viele Möglichkeiten (www.ilztal.de), jedoch nicht viele, das Wasser trockenen Fußes zu überqueren. Eine davon ist der seit dem 16. Jahrhundert existierende Ilzsteg nahe Dießenstein. Die frei schwebende hölzerne Konstruktion erreicht man am besten vom Wanderparkplatz an der Schneidermühle. Etwas mehr als einen Kilometer ist die Strecke, die von dort aus flussaufwärts zurückgelegt werden muss. Die Geschichte wollte es, dass das Bistum Passau und das Herzogtum Bayern, sich nicht immer freundlich gesinnte Herrschaftsgebiete, an der Ilz trafen. Der Ilzsteg bildete die Grenze. Zum Glück sind heutzutage für eine Passage weder ein Pass nötig noch eine Zollgebühr fällig.

- Ilzbrücke an der Burgruine Dießenstein, 94163 Saldenburg
- Wanderparkplatz Schneidermühle zwischen Perlesreut und Tittling, dann 1 Kilometer Fußweg

Bärwurz, Blutwurz & Co.

65 *Die Schlosskellerei Ramelsberg in Schönberg*

Was für Schottland der Whiskey, ist für den Bayerwald der Bärwurz. Der hochprozentige klare Schnaps ist die flüssige Spezialität der Region. Hergestellt wird er aus der gleichnamigen Gewürz- und Heilpflanze, die seit Hunderten Jahren zur Linderung von Verdauungsbeschwerden eingesetzt wird. Diese Tradition hat sich bis heute gehalten: Nach einer deftigen Mahlzeit muss einfach ein Stamperl Bärwurz getrunken werden. Zu den renommiertesten Produzenten zählt die Schlosskellerei Ramelsberg in Schönberg.

Im kleinen Laden des Unternehmens sind Hunderte braune Tonflaschen nebeneinander aufgereiht. Bis sie im Regal landen, gehen jedoch einige Jahre ins Land. Allein die Wurzeln der Bärwurzpflanze müssen erst einmal gefunden werden. Der Kleinbetrieb mit rund einem Dutzend Mitarbeitern wird von heimischen Sammlern beliefert, die noch in der Natur auf Pirsch gehen. Gezüchtete Wurzeln kommen nicht zum Einsatz. Ist der Rohstoff in der Kellerei, wird er zwei Jahre lang in Alkohol eingelegt. Danach wird destilliert. Das Ergebnis darf nochmal mindestens fünf Jahre lang reifen. Qualität steht an erster Stelle. Heraus kommt ein 45-prozentiger Glücksgenuss, der wie eine Mischung aus Fenchel, Sellerie und Liebstöckl schmeckt. Das Wurzelaroma ist ganz speziell – entweder man liebt es oder man hasst es.

Wer nach dem Probieren des Bärwurzes eine grimmige Miene zieht, findet bei der Schlosskellerei Ramelsberg noch viele andere Leckereien. Da wäre der verwandte Blutwurz, der ebenfalls auf einer Wurzel basiert, aber zusätzlich mit 16 Kräutern veredelt wird. Oder aber die andere Seite des Schauraums. Dort warten Liköre und Schnäpse aus regionalen Früchten darauf, verkostet zu werden: Birne, Heidelbeere, Marille und Co. Ein Geheimtipp ist die Spezialität „Unser Weizen". Der goldfarbene Schnaps, destilliert aus Hopfen und Malz, wird im Mini-Weißbierglas mit Milchschaumhaube serviert. Ein außergewöhnlicher Hingucker, der auch noch mundet.

••

Schlosskellerei Ramelsberg, Schlossberg 21, 94513 Schönberg, Tel. (0 85 54) 14 51
www.schloss-ramelsberg.de

Der Tannenkönig

 Die Waldhaustanne im Hans-Watzlik-Hain

Steht man direkt davor, ist kein Ende in Sicht. Will man herumfassen, muss man sich drei Helfer suchen. Schätzt man das Alter, wird man mit hoher Wahrscheinlichkeit danebenliegen. Die Rede ist von der großen Waldhaustanne bei Zwieslerwaldhaus. Über 50 Meter ragt sie in den Himmel, ihr Umfang beträgt knapp sieben Meter. Solche Baumriesen findet man nur an ganz wenigen Stellen. Viele Quellen gehen sogar davon aus, dass dieser Baum die dickste Tanne Deutschlands ist.

Vermutlich hatte Christoph Kolumbus noch keinen Fuß auf nordamerikanischen Boden gesetzt, als der Tannenkönig als kleiner Keimling aus der Erde spross. Vor über 500 Jahren muss das gewesen sein, seitdem wächst er jedes Jahr ein kleines Stückchen weiter. Ganz langsam, ohne Eile. Die Zeitrechnung der Natur ist eben eine andere als die des Menschen. An Orten wie diesen wird einem klar, wie klein wir doch alle sind. Wozu also all die Hektik? Wenn schon nicht im Alltag, dann zumindest hier: Zeit nehmen. Die Umgebung auf sich wirken lassen, den Wald riechen.

Seit 1950 lebt die Tanne übrigens in geschützter Umgebung. Denn damals wurde ein etwa elf Hektar großes Waldstück um den Baum herum zum Naturschutzgebiet erklärt. Seit 1997 liegt es im Nationalpark Bayerischer Wald, der in diesem Jahr um Bereiche im Landkreis Regen erweitert wurde. Das urwaldartige Gebiet nennt sich „Hans-Watzlik-Hain" – nach einem 1879 geborenen böhmischen Heimatdichter. Heutzutage erschließt ein rund 600 Meter langer Erlebnispfad das Innere des außergewöhnlichen Waldbestands. Darin sind noch viele weitere Riesen zu bestaunen, einige von ihnen liegen sogar schon abgestorben auf dem Waldboden. Trotzdem sind sie noch voller Leben, denn sie bieten Insekten, Pilzen und den nächsten Baumgenerationen beste Lebensbedingungen. Um all das zu erleben, muss man nur etwa 30 Minuten Fußmarsch in leichtem Gelände einplanen. Ein kleiner Preis für derartige Erlebnisse.

> **TIPP** Mit der Trifterklause Schwellhäusl liegt eine historische Einkehrmöglichkeit in direkter Nähe.

○ Waldhaustanne im Hans-Watzlik-Hain bei Zwieslerwaldhaus, 94227 Lindberg
○ ÖPNV: Falkensteinbus Linie 7150, Haltestelle Brechhäuslau am Ortsende von Zwieslerwaldhaus, dann 30 Minuten Fußweg

Kampf gegen ein Monstrum

 In der Arena des Further Drachenstichs

Der Kampf Gut gegen Böse faszinierte die Menschheit schon immer. Auf der einen Seite die tollkühne Heldenfigur, auf der anderen Seite der finstere Schurke. Dieses Konzept haben die Bewohner von Furth im Wald schon vor über 500 Jahren groß in Szene gesetzt. Der Drachenstich gilt als ältestes Volksschauspiel der Republik. Jedes Jahr strömen heute an drei Wochenenden im Sommer Tausende Besucher auf den Stadtplatz, der sich in eine historische Burganlage verwandelt. Dort versuchen Ritter Udo und die Schlossherrin von Furth eine Bestie zu bändigen.

Der Drache ist der heimliche Star der Inszenierung. Seit 2010 ist „Fanny", wie ihn die Einheimischen nennen, im Einsatz. Mit über 15 Metern Länge und rund elf Tonnen Gewicht ist er der größte vierbeinige Schreitroboter der Welt. Das ist sogar im Guiness-Buch der Rekorde nachzulesen. Er kann nicht nur in natürlicher Art und Weise gehen, sondern auch seine Flügel aufspannen, seine Mimik verändern oder glühende Feuerfontänen ausspeien. Ein wahres Hightech-Monstrum eben.

Eingesetzt wird Fanny, um eine Geschichte zu erzählen, die während der Hussitenkriege 1431 spielt. Die Rahmenhandlung ist geschichtlich belegt, die eigentliche Story freilich frei erfunden. Es ist ein Mix aus Intrigen und Verschwörungen, aus Liebesgeschichte und Heldenepos. Und die Aufmachung ist einfach nur pompös: meterhohe Kulissen, über 300 Laiendarsteller, vorbeirasende Pferde, klares Licht- und Sounddesign. Das ist eine Show, die in einer modernen Musical-Arena geboten werden könnte. Doch in Furth ist alles viel gemütlicher, viel authentischer. Auf den hölzernen Tribünen sind die Sitznummern noch auf die Bänke geschrieben. Profis haben für die gut zweistündige Aufführung ein Sitzkissen dabei, damit lässt sich das Spektakel noch besser genießen. Immer wieder tobt Szenenapplaus über den Stadtplatz, am Ende gibt's meist sogar Standing Ovations. Schließlich ist doch jeder glücklich, wenn das Gute über das Böse siegt. In diesem Fall setzt Udo dem Drachen ein Ende – zumindest für diesen Abend.

TIPP In der Further Drachenhöhle kann das Monstrum auch außerhalb der Festspielzeit bestaunt werden.

● **Drachenstich am Stadtplatz, 93437 Furth im Wald**
www.drachenstich.de, www.further-drache.de

Pfad mit Schwung

68 *Der Schaukelweg bei Breitenberg*

Kindheit und Spielplatz. Zwei Dinge, die wohl schon immer zusammengehörten. Wer hat denn keine glückliche Erinnerung an einen tollen Tag auf der Schaukel! Und seien wir doch mal ehrlich: Auch Erwachsene könnten ab und zu etwas Schwung im Leben gebrauchen. Wie gut, dass es den originell gestalteten Schaukelweg bei Breitenberg gibt. Hier schlägt das Herz jedes Schaukelfans höher – egal, ob jung oder alt.

Dieser Glücksort ist gleich satte sechs Kilometer lang. Zwei Stunden sollte man einplanen, um gemütlich alle Stationen abzuwandern. Los geht's auf einer kleinen Hochebene. Bei gutem Wetter können Ausflügler gleich weite Blicke in die Umgebung genießen. Dabei schaut man nicht nur in den Bayerischen Wald, sondern auch auf die Hügel des österreichischen Mühlviertels und des tschechischen Böhmerwalds. Dieses Panorama lässt sich später noch an anderen Stellen genüsslich in sich aufsaugen.

Die Stars des Weges sind aber freilich die 18 Schaukeln, die in regelmäßigen Abständen für kleine Abenteuer sorgen. Für jeden ist etwas dabei: von der gemütlichen Nestschaukel über die kindgerechte Elefantenschaukel und die gefederte Reifenschaukel bis hin zur schwingenden Bank, auf der auch Oma und Opa Platz nehmen können. Passend zur waldreichen Region ist nahezu jedes Gerät aus Holz gefertigt. Das Beste an der Route: Langeweile kommt selbst bei jungen Wandermuffeln nicht auf. Länger als zehn Minuten muss man selten gehen, um die nächste Schaukel zu erreichen. Und wenn diese ausgiebig getestet ist, steigt schon die Neugierde darauf, welches schwingende Gerät wohl als nächstes am Wegesrand auf einen wartet. Die Zeit vergeht wie im Flug.

Der einwandfrei markierte Weg ist übrigens so angelegt, dass er problemlos mit Kinderwagen zurückgelegt werden kann. Es geht stets auf breiten Waldwegen oder wenig frequentierten Seitenstraßen von Schaukel zu Schaukel. Dem Glückserlebnis für die ganze Familie steht also nichts im Wege.

🔴 **Schaukelweg bei 94139 Breitenberg**
www.breitenberg.de
🔴 **Parkplatz am Nordischen Skizentrum, Obernstein 10**

Das kleinste Waldrestaurant

 Hüttenflair auf der Böhmhof-Alm in Bodenmais

Draußen peitscht der Wind. Schneeflocken fliegen umher, die Sonne ist bereits untergegangen. Es ist ein abendlicher Wintersturm, wie er im Buche steht. Und trotzdem genießt man gerade jetzt in der winzigen Böhmhof-Alm eine einzigartige Rundum-sorglos-Geborgenheit. Die ist der intimen Atmosphäre, dem schmackhaften Essen und dem im Ofen knisternden Feuerchen zu verdanken. Normalerweise herrscht in guten Restaurants emsige Betriebsamkeit. Die Tischnachbarn sitzen in Hörweite. Ständig wuseln Servicekräfte durch die Gänge. Ruhe kehrt da selten ein. Ganz anders sieht es in der kleinen Holzhütte oberhalb des Bodenmaiser Hotels Böhmhof aus. Die Hoteliers haben hier ein ganz exklusives Angebot geschaffen. Maximal vier Personen passen in den ehemaligen Holzarbeiter-Unterschlupf. Und die meiste Zeit ist man vollkommen allein.

Wer eine kulinarische Auszeit bucht, wird zunächst an der Hotelrezeption begrüßt. Dort gibt es einen Aperitif und einen Gruß aus der Küche. Danach werden die Gäste per Golfcart an den etwas oberhalb liegenden Waldrand gefahren. Die nur mit Kerzen beleuchtete Alm hat man dann erstmal für sich. Vor jedem der Gänge kommt später ein Koch, verleiht den Gerichten auf dem Holzofen den letzten Schliff, serviert, schenkt Getränke nach und verschwindet wieder. Man isst völlig ungestört und wird von nichts abgelenkt. Außer vielleicht von einem draußen tobenden Schneesturm. Das Beste daran: Die meisten Restaurantbesucher reden in dieser intimen Umgebung so viel miteinander wie schon lange nicht. Handyempfang gibt es nämlich nicht.

> **TIPP** Wer in ganz persönlicher Atmosphäre in der Böhmhof Alm speisen will, sollte unbedingt vorab reservieren.

Genau das war die Intention hinter dem Angebot: Die Leute sollen sich zurückbesinnen auf das Einfache. Auf das Miteinander. Auf einen gemütlichen Plausch. Dieses Glück kann und soll Stunden dauern. Auf jeden Fall deutlich länger als ein normaler Restaurantbesuch. Zurück im Hotel kann man bei einem Digestif den intimen Abend nochmal Revue passieren lassen. Und sich langsam wieder an die Anwesenheit anderer Menschen gewöhnen.

🌐 Wellness- und Vitalhotel Böhmhof, Böhmhof 1, 94249 Bodenmais, Tel. (0 99 24) 94 30-0
www.bodenmais.de
🌐 ÖPNV: Waldbahn-Linie 2, Haltestelle Böhmhof, Bodenmais

Wo der Jackl einst Brot backte

70 *Den Aussichtsturm am Brotjacklriegel erklimmen*

Es müssen nicht immer steile Wege sein, um tolle Aussichten zu genießen. Manchmal tut es auch ein halbstündiger, gemütlicher Spaziergang über blühende Wiesen. Freilich, am Ende gilt es noch ein paar Dutzend Stufen zu erklimmen. Aber die finale Kletterei auf den hölzernen Turm ist aller Mühen wert. Schließlich hat man bei gutem Wetter das Glück, nicht nur die komplette Donauebene, sondern auch das sich darüber aufbauende Mittelgebirge zu überblicken. Genießen kann man dieses Schauspiel am Gipfel des 1011 Meter hohen Brotjacklriegels. Der Berg ist eine der ersten größeren Erhebungen, wenn man von Süden in den Bayerwald fährt.

Wie an vielen Stellen scheint es bei der Namensgebung aber Missverständnisse gegeben zu haben. Eigentlich war der Bergrücken, in der Region oft „Riegel" genannt, wohl einfach nur breit - „broad". Und auch einen Jäger – „Jaga" – hat es da gegeben. Doch die aus der Ferne angereisten Landvermesser machten aus dem breiten Jägerriegel – „broada Jagariegl" – aus Unkenntnis des Niederbairischen einfach den „Brotjacklriegel". Das zumindest wäre die wahrscheinlichste Geschichte hinter dem Namen.

Auf der anderen Seite gibt's da noch eine Sage. Der zufolge hauste während des Dreißigjährigen Kriegs ein Mann namens Jackl in einer Höhle am Gipfel. Trotz der Kriegswirren hatte er immer genügend Brot, mit dem er die Notleidenden versorgte. Doch als schwedische Truppen ihm das Geheimnis seines Brots entlocken wollten, schwieg er. Als Strafe versperrten die Soldaten seine Höhle mit einem großen Stein, sodass er nicht mehr hinauskonnte. Der Sage nach endete das aber auch für die Schweden im Unglück: Sie verwandelten sich in reglose Felsen.

Welcher Version man nun glauben mag, ist eigentlich nebensächlich. Klar ist jedoch, dass der mit Schindeln verkleidete Aussichtsturm heutzutage ein echter Glücksort ist. Wer das 360-Grad-Panorama zur Genüge bewundert hat, kann sich im Turmstüberl am Fuße des Bauwerks noch eine Erfrischung gönnen.

●●●

▸ Brotjacklriegel, 94572 Schöfweg
▸ Wanderparkplatz am Ortsende von Langfurth, Brotjacklriegelweg 2, dann ca. 30 Minuten Fußweg

Im Flow

 Zweirad-Spaß im Bikepark am Geißkopf

Es einfach laufen lassen. Immer bergab. Das Tal als Ziel. Und dabei eine Portion Adrenalin genießen. Das ist das Erfolgskonzept am Geißkopf. Der knapp 1100 Meter hohe Berg zwischen Deggendorf und Regen ist im Sommer ein Eldorado für Mountainbike-Fans. Satte 13 Strecken stehen Zweiradfahrern im dortigen Bikepark zur Verfügung. Egal, ob Anfänger oder Profi: Hier kann jeder die Leichtigkeit des Mountainbikens am eigenen Leib erfahren.

Zu den Startpunkten der Downhill-Passagen geht's natürlich ganz bequem per Lift, und oben angekommen bleibt nur noch die Qual der Wahl. Da wäre zum Beispiel der familienfreundliche „Flow Country Trail". Diese Route fühlt sich an wie eine turbulente Achterbahnfahrt, aber gerade daher ist sie bestens für Einsteiger geeignet. Der Untergrund ist stets hart und fest – ohne haarige Unebenheiten. Und auch ohne schwierige Kurven. Deswegen bleiben Fahrer hier im Flow – also in flüssiger Bewegung. Stolze zweieinhalb Kilometer ist allein diese Abfahrt lang.

Doch auch anspruchsvolle Biker kommen am Geißkopf zum Zug. Gerade die beiden „Evil Eye"-Varianten bieten Herausforderungen am laufenden Band. Wer sich hier hinunter traut, sollte kein Problem mit engen Wegstücken haben, die über Stock und Stein verlaufen. Immer wieder sind Holzbrücken, Wellen, Sprungschanzen und nahezu vertikale Wände eingebaut, die darauf warten, bezwungen zu werden. Das ist schon eher etwas für Fortgeschrittene.

TIPP Für die Abwechslung zwischendurch einfach mal den Aussichtsturm am Ende des Lifts erklimmen.

Das alles klingt noch etwas zu abenteuerlich? Kein Problem! Im Bikepark werden regelmäßig Kurse angeboten, die Einsteigern helfen, in die Materie hineinzufinden. Wer noch keine eigene Ausrüstung hat, kann diese vor Ort ausleihen. Die ersten Runden werden dann einfach im Trainingsparcours gedreht. Mit ein bisschen Übung ist man schnell fit für das restliche Angebot im Bikepark. Langweilig wird einem dabei auf jeden Fall nicht. Wer alles ausprobieren will, sollte einen ganzen Glückstag am Berg einplanen.

Bikepark am Geißkopf, Unterbreitenau 1, 94253 Bischofsmais
www.mtbzone-bikepark.com

Steinerne Festung

 Die Burgruine Weißenstein erklimmen

Es geht hoch hinaus! Aber zum Glück nur ein paar Minuten. Denn, um die Reste der einst stolzen Burg Weißenstein zu erklimmen, bedarf es nur der Überwindung dreier Treppenpassagen. Das sollte auch für Wandermuffel kein Problem sein und die kurze Kletterpartie wird dafür auch reich belohnt. Von der Aussichtsplattform des gut erhaltenen Burgturms schweifen die meisten Blicke als Erstes in die Ferne, dabei fasziniert der Blick nach unten wohl noch mehr. Denn mit ein bisschen Fantasie startet so eine perfekte Zeitreise ins Mittelalter. Einfach innehalten und den Gedanken freien Lauf lassen.

Heute ist vom Großteil der mächtigen Anlage nur noch eine Ruine übrig, viele Teile sind eingestürzt. Auf den zerklüfteten Mauern wachsen dafür viele sattgrüne Gräser sowie ein paar gelbe und violette Blümchen. Eine stattliche Zugbrücke wurde rekonstruiert, um Besucher sicher nach oben zu leiten. Wer die Augen schließt und ein paar Hundert Jahre zurückdenkt, kann sich sicher vorstellen, wie die Festung einst mit Leben erfüllt war. Wer nicht mit so viel Vorstellungskraft gesegnet ist, kommt einfach beim alle zwei Jahre stattfindenden Ritterspektakel vorbei, bei dem Burgfräulein, Bogenschützen, Schwertkämpfer und Gaukler die Zeit von anno dazumal aufleben lassen. Die Erbauer hatten sich übrigens eine ebenso taktisch kluge wie architektonisch herausfordernde Lage ausgesucht. Die Burgruine thront nämlich mitten auf einem mächtigen weißen Quarzfelsen, der nur wenige Meter breit, dafür Dutzende Meter lang aus der Landschaft ragt. Wohl in der zweiten Hälfte des 12. Jahrhunderts ließen die Grafen von Bogen die steinerne Trutzburg hier auf dem höchsten Punkt der Felsenterrasse errichten. Später fiel sie in die Hände der bayerischen Herzöge und des Adelsgeschlechts der Degenberger. Richtig glücklich wurden diese damit aber nicht. Mehrfach wurde die Burg angegriffen. Den Todesstoß versetzte man ihr 1742 im Österreichischen Erbfolgekrieg. Dafür sind die Reste der glorreichen Vergangenheit heute ein Sehnsuchtsort erster Güte.

TIPP Beim Almwirt Weißenstein gegenüber lassen sich leckere bayerische Köstlichkeiten genießen.

Burgruine Weißenstein, Weißenstein 18, 94209 Regen
www.regen.de, www.ritterspektakel-weissenstein.de

Ein charmanter Zug

 Mit der Ilztalbahn von Freyung nach Passau

Ein bisschen wirkt es, als lägen die Gleise im Dornröschenschlaf. Züge sind weit und breit nicht zu sehen. Ticketschalter oder Anzeigetafeln – Fehlanzeige. Doch dann hört man aus der Ferne immer deutlicher ein schrilles Hupen. Der Ton zieht mehr und mehr Menschen an, die sich auf dem Bahnsteig in Freyung versammeln. Kurz darauf fährt ein unscheinbarer, moderner Regionalzug ein. Doch die Ilztalbahn ist etwas ganz Besonderes.

Dass die idyllische Strecke zwischen Freyung und Passau 2011 nach Jahren des Stillstands aus dem Dornröschenschlaf erwachte, ist ein paar engagierten Bürgern zu verdanken. Der komplette Betrieb wurde ehrenamtlich vorbereitet und wird seitdem an Samstagen, Sonntagen und Feiertagen im Sommer durchweg mit Freiwilligen geführt. Ein Glück für alle, die stressfrei durch den südlichen Bayerwald fahren wollen.

Nach dem Einsteigen geht's los auf die erste Etappe nach Waldkirchen. Zunächst fährt der Triebwagen über Wiesen und Weiden. Dazwischen spricht einer der freundlichen Zugbegleiter alle Gäste an, wohin es denn gehen soll. Und stellt ganz altmodisch auf einem hölzernen Klemmbrett einen Fahrschein aus. Kassiert wird in bar. Alles wirkt wie anno dazumal.

TIPP *In Passau lohnt ein Spaziergang über den Domplatz zur Ortsspitze, wo Donau, Inn und Ilz zusammenfließen.*

Kurz nach Waldkirchen taucht die Bahn dann ab – in tief eingeschnittene Täler. Genau diese Passagen, entlang des Osterbachs, der Wolfsteiner Ohe und letztendlich der Ilz verleihen der Strecke ihren besonderen Charme. Gemächlich kämpft sich der Zug dabei durch märchenhafte Wälder, gleitet durch uralte Tunnel und bietet seinen Passagieren immer wieder faszinierende Blicke auf wildes Bergwasser. All dies kann man nicht nur aus den Seitenfenstern beobachten, sondern auch aus der Perspektive des Lokführers, schließlich steht die Tür zum Führerstand meistens offen. Es ist eben eine lockere Atmosphäre, die in der Ilztalbahn herrscht. Erst am Passauer Hauptbahnhof setzt wieder hektisches Treiben ein. Doch zum Glück wird's spätestens bei der Rückfahrt gen Freyung wieder gemütlicher.

○ Ilztalbahn-Bahnhof, Bahnhofstraße 31, 94078 Freyung
www.ilztalbahn.eu
○ ÖPNV: Bus 100, Haltestelle Freyung Bahnhof

Heiße Schlittengaudi

 Die Rodelbahn im Skizentrum Mitterdorf

Die Kufen pressen sich in die frisch präparierte Piste. Dabei knirscht der Schnee augenblicklich unter der Last des Schlittens und seines Fahrers. Der schiebt die wärmende Mütze nochmal zurecht. Es folgt ein kurzer Abstoß vom glitzernd weißen Untergrund – und die wilde Hatz beginnt. Das winterliche Gefährt beschleunigt unnachgiebig. Gleichzeitig zieht die traumhaft überzuckerte Landschaft nebst Panoramaaussicht in Windeseile vorbei. So schnell, dass es am Ende der Fahrt unbedingt gleich eine Wiederholung geben muss.

Genau da liegt beim Rodeln aber oft die Krux. Schließlich gibt's die nächste Runde nahezu überall erst dann, wenn der Hang schweißtreibend erneut erklommen wurde. Nicht so im Skizentrum Mitterdorf. Die schneesichere Lage hat dem Gebiet den Beinamen „Gletscher des Bayerischen Waldes" eingebracht – perfekte Bedingungen also für alpines Skivergnügen und Langlauf und auch alle, die nicht so gern auf die Brettl steigen, kommen rund um den 1139 Meter hohen Almberg auf ihre Kosten.

Und das alles beinahe mühelos, einem wahren Zauberteppich sei Dank.

TIPP Durst und Hunger können in Hütten direkt an der Rodelpiste gestillt werden.

Die extra ausgewiesene Rodelbahn wird nämlich flankiert von einem futuristischen Glastunnel. Darin verbirgt sich ein gut 200 Meter langes Förderband, das Groß und Klein ganz ohne Anstrengung vom Ziel wieder zum Startpunkt bringt. Leichtigkeit ist schließlich Trumpf. Ein bisschen wirkt es, als würde man eine hölzerne Raketenrampe emporsteigen. Zudem ist der gemütliche Teil eine richtig heiße Angelegenheit. Wenn's draußen trotz Sonnenschein fröstelt, ist's drinnen wohlig warm. Der Gewächshauseffekt macht's möglich. Wer also zu viel flotten Fahrtwind abbekommt, kann sich zwischendurch immer wieder aufwärmen.

Übrigens ist die Schlittengaudi ganz spontan erlebbar. Dafür gibt's direkt an der Piste große Holzschlitten zum Ausleihen. Die kleinen Abfahrer können sich auch einen der wendigen Zipfelbobs schnappen. Also: Pack die Skihose ein, nimm' dein kleines Schwesterlein – und dann nichts wie raus nach Mitterdorf, Rodelglück tanken!

Rodelbahn am Junior-Ski-Zirkus im Skizentrum Mitterdorf, Albergstraße 1, 94158 Philippsreut
www.mitterdorf.info

Im Freilichtmuseum speisen

 Die Tafernwirtschaft D'Ehrn in Finsterau

Früher gab es in jedem auch noch so kleinen Bayerwald-Örtchen ein Dorfwirtshaus. Es war Kern des gesellschaftlichen Lebens, Heimat des Stammtisches, Zufluchtsort für Reisende, Schafkopf-Arena und Kraftoase für Hungernde. Mittlerweile sind viele dieser Betriebe verschwunden. Oder aber das einstige Flair ist verflogen. Doch ein paar versteckte Kleinode der bayerischen Wirtshauskultur gibt es noch. Vorzeigebeispiel dafür ist die Tafernwirtschaft D'Ehrn im Freilichtmuseum Finsterau. Wer bodenständige Küche in authentischer Umgebung erleben will, wird hier glücklich.

Im hintersten Winkel des Waldes, nur wenige Fahrminuten von der tschechischen Grenze entfernt, wird ein Lokal konserviert, wie es Jahrhunderte lang funktioniert hat. Abgewetzte Bodenplatten aus Stein im Eingangsbereich, robuste Stühle und Tische aus dunklem Holz in den Stuben, eine schnuckelige Schänke in der Mitte des Geschehens, ein obligatorischer Herrgottswinkel – also ein Kreuz in einer Ecke des Gastraums – und ein alteingesessenes Wirtspaar. Das sind die Zutaten für eine kulinarische Zufluchtsstätte erster Güteklasse. Gezaubert werden darin vorzügliche bayerisch-böhmische Gerichte.

TIPP *Wer zum Essen kommt, muss auch über die alten Höfe im Museum schlendern.*

Um Hirschbraten, Apfelstrudel, Saibling und Co. kümmern sich Ulrike und Thomas Kröber mit ihrem Team – und das schon seit 1987. Das Ehepaar war gerade mal 18 und 25 Jahre alt, als es den Schritt in die Selbstständigkeit wagte. Bereut haben sie diesen Entschluss nie. Im Gegenteil, der schönste Arbeitsplatz, den man sich vorstellen könne, sei die Ehrn für sie. Wert legen die Wirte auf ehrliche Handarbeit von A bis Z, auf Saisonalität und Regionalität – und zwar nicht erst, seitdem diese Dinge groß in Mode sind.

Ihre Wirkungsstätte gibt ihnen dabei täglich Kraft. Einst stand die Ehrn im nördlichen Landkreis Regen, ihre Wurzeln reichen bis ins 16. Jahrhundert zurück. Erst 1980 zog sie ins Finsterauer Freilichtmuseum um und macht so auch heute noch ein Einkehren wie früher möglich.

◐ Radizierte Tafernwirtschaft D'Ehrn im Freilichtmuseum Finsterau, Museumsstraße 51, 94151 Finsterau, www.ehrn.de, www.freilichtmuseum.de

◐ ÖPNV: Finsterau-Bus Linie 603, Haltestelle Freilichtmuseum, Finsterau

Mächtig Torf

76 *Unterwegs im Hochmoor Todtenau*

In vielen Regionen sind sie aus der Landschaft verschwunden. Ihre Flächen wurden meist für die Land- und Forstwirtschaft gebraucht – oder für den Torfabbau. So sind Moore in Deutschland vielerorts von Menschenhand zerstört worden. Nicht so in der Gemeinde Kirchberg im Wald. Hier hat die Todtenau mit ihren umgebenden Auen überdauert – auch, weil sie früh unter Schutz gestellt wurde. Das ist nicht nur ein Glücksfall fürs Klima und für die Artenvielfalt, sondern auch für Naturfreunde, die den besonderen Lebensraum aus nächster Nähe erleben können.

Abseits großer touristischer Frequenz liegt das Kleinod inmitten sanfter Hügel. Schon die Anfahrt über schmale, geschwungene Bergstraßen ist eine Schau. Später sorgt ein Lehrpfad für faszinierende Einblicke. Dank eines Bohlenstegs geht's an den Rand des trittempfindlichen Hochmoors, zum Lieblingsplatz avanciert die schmucke Aussichtsplattform. Hier sollte man sich einfach mal an die Brüstung lehnen und die oftmals mystische Stimmung auf sich wirken lassen. Wer scharfe Augen hat und Ausdauer mitbringt, bekommt vielleicht einen der seltenen Moorbewohner zu Gesicht. Da gäbe es zum Beispiel die schimmernde Torf-Mosaikjungfer, eine Libelle, oder den orange-schwarzen Hochmoor-Perlmuttfalter. Zudem ist die Flora hier ganz besonders: Fuchs'sches Knabenkraut, Moosbeere oder Scheidiges Wollgras gehören zu den Pflanzen, die nur in derart feuchten Umgebungen überleben können. Wer in Sachen Artenerkennung nicht ganz so fit ist, bekommt durch Infotafeln ein bisschen Hilfe an die Hand.

In der Kernfläche erreicht der Torfkörper übrigens eine Mächtigkeit von knapp neun Metern. In dieser Schicht wird über Jahrtausende entstandenes Kohlenstoffdioxid wirksam gespeichert. Damit ist die größte zusammenhängende Hochmoorfläche des Vorderen Bayerischen Waldes auch im Hinblick auf den Klimaschutz äußerst schützenswert. Nicht umsonst gehört das Moor mittlerweile zum europäischen Schutzgebietsnetzwerk Natura 2000. Glück für die Umwelt – und für den Menschen.

- **Todtenau, 94259 Kirchberg im Wald**
- **Parkplatz am Ortsende von Dornhof**

Verdrehte Welt

 Das Haus am Kopf bei Sankt Englmar

Eigentlich ist es ein ganz gewöhnliches Haus. Vor der Eingangstür stehen Gartenmöbel. Irgendwer hat daneben seine Schuhe stehen lassen. Und auch ein paar Spielsachen liegen noch unaufgeräumt herum. Drinnen brennt derweil Licht – unter anderem in der Küche. Dort schmort ein Hühnchen in der Röhre. Der Tisch ist schon gedeckt. Familienidyll pur. Bloß ein kleines Detail ist dann doch nicht gewöhnlich: Das Holzgebäude steht vollkommen verdreht in der Bayerwald-Landschaft. Es ist die etwas andere Freizeitattraktion, bei der alle Sinne gefordert sind.

Das Haus am Kopf bei Sankt Englmar macht aber nicht nur oben zu unten und unten zu oben. Nein, es ist in jeder Achse geneigt. Wände und Böden sind schief. Die Welt hat sich komplett verdreht. Sich hier fortzubewegen ist eine Herausforderung für das Gleichgewicht. Es ist ein bisschen wie auf einem Schiff, das sich gerade durch hohe Wellen kämpft. Der Unterschied zum Kreuzfahrtdampfer: Bewegen tut sich im Haus am Kopf absolut nichts. Die säuberlich zusammengefaltete Daunendecke liegt akkurat auf dem Bett, die Schwerkraft scheint bei ihr keine Wirkung zu zeigen. Auch in der Küche herrscht Ordnung: Schöpfkelle und Co. baumeln über der Herdplatte, Tassen stehen in Reih und Glied im Schrank. Draußen in der Garage steht ein alter Volkswagen auf der Bodenplatte. Für den Betrachter freilich sind alle Gegenstände aus dem Rahmen gefallen.

TIPP *Unbedingt sollte man auch über den Waldwipfelweg spazieren – und tolle Aussichten in den Gäuboden genießen.*

Die speziellen Perspektiven ermöglichen besonders witzige Erinnerungsbilder. Glücksmomente, die für die Ewigkeit festgehalten werden. Ein Handstand am Autodach? Wie Spiderman an der Decke entlangkrabbeln? All das und noch viel mehr ist kein Problem. Wozu also Hektik an den Tag legen? Das Haus am Kopf sollte man in aller Ruhe erkunden und nach außergewöhnlichen Fotomotiven Ausschau halten. Und daheim kann man dem ein oder anderen Bekannten den fotografischen Beweis der neu entdeckten Gymnastikfähigkeiten unter die Nase reiben.

Waldwipfelweg mit Haus am Kopf, Maibrunn 9 a, 94379 Sankt Englmar
www.waldwipfelweg.de

Der See im Krater

 Idyllischer Steinbruchweiher in Büchlberg

Manches Kleinod liegt besonders gut versteckt, weitab jeglicher Zivilisation. Und manches Kleinod liegt genauso gut versteckt, jedoch inmitten von Städten oder Dörfern. Zu zweiter Kategorie zählt der Steinbruchweiher in Büchlberg. Nur wenige Hundert Meter vom Kirchturm entfernt, etwas oberhalb der umliegenden Häuser, ist ein bewaldeter Hügel auszumachen. Und der unscheinbare kleine Hügel steckt voller Überraschungen. Inmitten der Bäume öffnet sich ein runder Krater, gefüllt mit blaugrün strahlendem Wasser. Was nach den Überresten eines Meteoriteneinschlags aussieht, ist jedoch ganz und gar menschengemacht. Wo einst Granit abgebaut wurde, darf sich mittlerweile die Natur wieder frei entfalten.

Ein schmaler Durchbruch führt zum Ufer des Steinbruchsees. Dort erheben sich steile Felswände. Am schroffen Stein wuchern vielerorts kleine Pflänzchen, Sträucher und Bäume. Als der Ende des 19. Jahrhunderts angelegte Steinbruch im Bergholz noch in Betrieb war, hätte es das nicht gegeben. Bis zu über 200 Menschen arbeiteten emsig daran, Granit aus dem Berg zu schlagen – für den Nürnberger Hauptbahnhof, das Königsberger Opernhaus oder das Berliner Kaufhaus Wertheim.

TIPP Am zweiten Adventswochenende findet am See ein Weihnachtsmarkt, die Stoabruch-Weihnacht, statt.

Doch seit der Stilllegung in den 1970er-Jahren, spätestens aber seit der Ausweisung zum Naturdenkmal 1988, dürfen sich Flora und Fauna das Gebiet zurückerobern. Eine beachtliche Artenvielfalt ist die Folge. Auch das Quellwasser ist erst seitdem im Krater. Früher wurde es beständig abgepumpt.

Das Ende des wirtschaftlich genutzten Bruchs ist aber nicht nur ein Glücksfall für die Natur. Auf Erholungssuchende übt der Ort schließlich eine ganz besondere Anziehungskraft aus. Hier kann man sich niederlassen und Ruhe genießen – in gefühlt völliger Abgeschiedenheit. Wer mag, wechselt außerdem noch zur oberen Kante des Kraters. Ein kleiner Rundweg ermöglicht von dort spektakuläre Einblicke auf die Kraterwände.

Naturdenkmal Bergholz mit Steinbruchweiher, Oberer Steinweg 1-2, 94124 Büchlberg
www.buechlberg.de

Fühle den Waldboden!

 Barfußpfad im Spiegelauer Waldspielgelände

Sanft streichelt das Herbstlaub die nackten Fußsohlen. Die Nervenenden nehmen jede Unebenheit der Blätter wahr, fühlen deren Feuchtigkeit und ertasten selbst kleine Stängel. Dazwischen kitzelt noch ein kühles Lüftchen die Haut am Spann. Es ist ein intensives Walderleben. Theoretisch könnte man solche Momente jederzeit und überall genießen. Die meisten Menschen werden wohl aber maximal noch in ihrer Kindheit bloßen Fußes zwischen Bäumen hindurchgegangen sein. Schuhe gehören schließlich dazu. Oder? Auf dem Barfußpfad im Waldspielgelände bei Spiegelau ist es auf jeden Fall besser, unten ohne unterwegs zu sein.

Manchmal brauchen wir Menschen eben einen dezidierten Anstoß, um die eigene Komfortzone zu verlassen. Um das Gewohnte durch Ungewohntes zu ersetzen. In diesem Fall: den Wanderschuh stehen zu lassen und ganz ungeschützt durch die Natur zu wandeln. Die ist nämlich nicht immer so geschmeidig. Neben Laub gibt's in ihr auch Fichtenzapfen, Steine oder Äste. Das alles versetzt die Fußreflexzonen deutlich in Wallung. Wer dabei aber ganz gemächlich einen Fuß vor den anderen setzt, vielleicht sogar noch die Augen schließt, der wird die Umgebung mit dem ganzen Körper wahrnehmen. So wird der Weg zum eigentlichen Ziel.

TIPP *Eine Decke in den Rucksack werfen und nach der Erkundungstour auf der idyllischen Waldwiese entspannen.*

Glück findet man im Waldspielgelände aber nicht nur auf dem Barfußpfad. Der ist schließlich nur eine von zehn Stationen eines interaktiven Naturerlebnisweges. Zwei Kilometer lang verläuft der über das weitläufige Areal am Rande des Nationalparks Bayerischer Wald. Und überall warten überraschende Sinneseindrücke auf die Besucher. Mit Naturmaterialien musizieren, Pflanzen ertasten, den Klängen von Vögeln lauschen, natürliche Düfte riechen oder einfach mal innehalten: All das ist hier problemlos möglich. Außerdem gibt's neben dem Erlebnissteig durch die entstehende Wildnis am Eingang des Waldspielgeländes noch abenteuerliche Spielgeräte für Groß und Klein. Einige davon sind auch für Menschen mit Handicap geeignet.

Waldspielgelände, Trosselweg 7, 94518 Spiegelau
www.nationalpark-bayerischer-wald.de
ÖPNV: Waldbahn-Linie 3, Haltestelle Bahnhof Spiegelau, dann 10 Minuten Fußweg